〈新版〉

事例詳解 広大地の税務評価

日税不動産鑑定士会

広大地判定のポイントと
最近の重要裁決例および
61の評価事例

PROGRES
プログレス

新版まえがき

　2009年（平成21年）に本書の初版を発刊してから，6年が経過した。
　この間，広大地判定に係る多くの裁決例が公表され，より具体的な判断基準が明示されている。以下に主な裁決事例を列挙する。
　①-(1)　課税庁の路地状開発は合理性があるとして広大地を否認した裁決例（平成21年4月6日【東裁(諸)平20-151】TAINZ開示情報）（本文52ページ）
　①-(2)　賃貸マンションが建っていても広大地を認容した裁決例（平成21年4月6日【東裁(諸)平20-151】TAINZ開示情報）（本文55ページ）
　②　対象地は道路を開設するなどして開発を行うことが最も合理的であるとして広大地を認容した裁決例（平成23年4月1日公表裁決）（本文57ページ）
　③　マンション敷地として開発を了している土地であるとして広大地を否認した裁決例（平成23年4月21日公表裁決）（本文60ページ）
　④　路地状開発の1区画の面積が過大であるとして路地状開発を否認し，広大地を認容した裁決例（平成23年5月9日公表裁決）（本文64ページ）
　⑤　マンション敷地として開発を了している土地であるとして広大地を否認した裁決例（平成23年9月5日公表裁決）（本文67ページ）
　⑥　位置指定道路があり，開発道路の必要性なしとして広大地を否認

した裁決例（平成23年12月6日公表裁決）（本文69ページ）

⑦　対象地は国道に面しており，標準的使用は1,000㎡の低層の店舗用地であるとして広大地を否認した裁決例（平成23年12月6日公表裁決）（本文72ページ）

⑧　マンション敷地として開発を了している土地であるとして広大地を否認した裁決例（平成24年7月4日公表裁決）（本文74ページ）

⑨　路地の長さが不合理であるとして路地状開発を否認し広大地を認容した裁決例（平成24年8月28日公表裁決）（本文78ページ）

以上の事例を検討すると，路地状開発の妥当性と，マンション敷地として開発を了しているかどうかの問題が最近の裁決の中心となっている。

このことから，広大地判定における争点が絞られてきており，より専門的な判断が求められるようになってきたといえよう。

最近における裁決の論点は，突き詰めていうと，広大地通達の「経済的に最も合理的であると認められる開発行為」とは何か，つまり，「最有効使用」とは何かに尽きるものと考えられる。

すなわち，対象地の最有効使用のせめぎあいであり，不動産市場を反映した非常に専門的な議論になってきているのが，最近の広大地判定の傾向である。

そこで，留意すべきは，対象地周辺の標準的使用を把握し，マンションが多い，路地状開発が多いからといって，「その地域」の地域要因を中心として広大地判定をするのではなく，対象地の個別的要因，著しく広大な土地としての規模，地形，道路付け等を前提に，経済的に最も合理的な開発行為としてマンション適地か否か，1区画の面積，路地の長さ等を考慮して路地状開発に合理性があるか否かを判定することである。

なお，平成25年に国税通則法が改正され，税務署が広大地を否認するには，「理由の附記」が求められている。そこでは，「その地域」の範

囲，「その地域」の標準的な地積に比して広大な地積であるか否か，経済的に最も合理的な開発行為とは何かを，「なぜそのような判断に至ったかという判断過程については，これを省略することなく，具体的に記載する必要がある」こととなっている。

さらに，平成26年には行政不服審査法が改正され，納税者の権利利益の救済制度の強化と行政庁側の適正な運営の立場から，平成28年4月（予定）からは，不服申立てをする場合，従来の「異議申立」の代わりに「再審査請求」をすることとなり，また，第三者機関としての審理員制度の新設や，処分をする場合は納税者にわかるように具体的な理由を附記することとなっている。

このような要請を背景にして，広大地判定にあたっては，より専門的に，かつ高度理論的判断が要求されていることから，会計専門家においてもその要求に応えていかなければならない時代となってきている。

日税不動産鑑定士会は，税理士と不動産鑑定士の資格を有する東京の会員を中心として昭和46年に設立してから現在まで資産税を中心とする勉強会を毎月開催し，資産税における税務の考え方や不動産の鑑定評価と資産税との関連等を研究している任意団体であり，今回，その研究成果を発表させていただくことにした。

本書が税理士，会計士，不動産鑑定士，不動産業者等の専門家の皆様方にお役に立てれば幸いである。

なお，文中意見にわたる部分は，当会会員の個人的意見であることを申し添える。

平成27年11月3日

日税不動産鑑定士会

会長　下﨑　寛

初版まえがき

　昨年（2008年11月），日税不動産鑑定士会では，『広大地の税務評価―広大地評価通達・企画官情報の問題点とその実務対策』（プログレス刊）を編集・上梓した。

　前掲書で検討したように，広大地通達および国税庁から発表されている広大地に係る情報等は一般的な判断基準であり，実際の案件においては判断に迷うことが多く，また，所轄税務署によって広大地適否の判断が異なるケースも見受けられる。

　実務上，広大地適否の判定は，通達や情報等によって容易に解釈できるものではないのである。

　なぜ広大地減価をするのかということが問われないままに，情報等の補完資料による画一的な判定基準に基づいて処理していることが，そもそも問題であるといえよう。

　前掲書でも述べたように，広大地（鑑定評価でいう面大地）は，取引総額の高額化によって買い手の需要が減退し，単価が下落するという経済的合理性から，その減価が必要とされるのである。

　面積基準あるいはマンション適地か否かという画一的な形式基準で広大地減価を判定することは難しい。

　今から考えてみると，平成16年の広大地通達改正前の奥行価格補正率に代えて広大地補正率として開発想定図における潰れ地割合を採用する方が弾力的であり，むしろ現実に即していたと思われる。

日税不動産鑑定士会は，資産税を中心とする勉強会を毎月開催している。そこでは，毎回，土地評価や相続申告に係る会員からの相談事例を検討しており，最近では広大地判定に係る相談事案が多く寄せられている。

　そこで，今までに会員から寄せられた広大地評価の具体的事例を取り纏めて発表することとした。なお，本書に紹介する各事例は，個人情報保護の観点から実際の事例とは若干異なっていることをあらかじめご了解願いたい。

　なお，文中意見にわたる部分は，当会会員の個人的意見であることを申し添える。

　本書が，前掲書と同様に，税理士，会計士，不動産鑑定士，不動産業者等の不動産専門家の広大地判定の実務にお役にたてれば幸いである。

　平成21年10月20日

日税不動産鑑定士会

会長　下﨑　寛

目　　次

広大地判定のポイント

1　土地の評価単位 …… *2*

　(1)　原　　則…… *4*
　(2)　地目の判定…… *6*
　(3)　例　　外…… *7*
　(4)　相続税法における土地の評価単位…… *15*
　(5)　宅地の「1画地」判定…… *16*

2　広大地判定の4つの基準 …… *20*

【判定❶】マンション適地かどうか？──**マンション適地基準**…… *22*

【判定❷】すでにマンション等の敷地用地として開発を了しているか？──**開発了基準**…… *25*

【判定❸】その地域における標準的な宅地の面積に比して著しく面積が広大か？──**面積基準**…… *27*

【判定❹】開発行為を行うとした場合，公共公益的施設用地の負担が必要と認められるか？──**潰れ地基準**…… *30*

3 広大地判定における「理由の附記」の例 ……*33*

4 広大地通達における「標準的使用」と
「最有効使用」の概念 ……………………………………… *39*

（1）　標準的使用とは？……*39*

（2）　最有効使用とは？……*44*

（3）　結　　論……*49*

最近の重要裁決例

❶−⑴ 課税庁の路地状開発は合理性があるとして広大地を否認した裁決例（平成21年4月6日【東裁(諸)平20−151】TAINZ開示情報）……52

❶−⑵ 賃貸マンションが建っていても広大地を認容した裁決例（平成21年4月6日【東裁(諸)平20−151】TAINZ開示情報）……55

❷ 対象地は道路を開設するなどして開発を行うことが最も合理的であるとして広大地を認容した裁決例（平成23年4月1日公表裁決）……57

❸ マンション敷地として開発を了している土地であるとして広大地を否認した裁決例（平成23年4月21日公表裁決）……60

❹ 路地状開発の1区画の面積が過大であるとして路地状開発を否認し，広大地を認容した裁決例（平成23年5月9日公表裁決）……64

❺ マンション敷地として開発を了している土地であるとして広大地を否認した裁決例（平成23年9月5日公表裁決）……67

❻ 位置指定道路があり，開発道路の必要性なしとして広大地を否認した裁決例（平成23年12月6日公表裁決）……69

❼ 対象地は国道に面しており，標準的使用は1,000㎡の低層の店舗用地であるとして広大地を否認した裁決例（平成23年12月6日公表裁決）……72

❽ マンション敷地として開発を了している土地であるとして広大地を否認した裁決例（平成24年7月4日公表裁決）……74

❾ 路地の長さが不合理であるとして路地状開発を否認し広大地を認容した裁決例（平成24年8月28日公表裁決）……78

広大地の税務評価事例

- **事例＊1** 中間画地で広大な整形地 —————— *82*
- **事例＊2** 奥行が長い帯状地 —————— *90*
- **事例＊3** 奥行が十分あるやや不整形な中間画地 —————— *95*
- **事例＊4** 四方路に面する広大な土地 —————— *99*
- **事例＊5** 大通り沿いの工場地区内に存する土地 —————— *104*
- **事例＊6** 工場地区内で高速道路のインターチェンジ付近に存する土地 —————— *107*
- **事例＊7** 工場地区からマンション用地への移行地 —————— *110*
- **事例＊8** 工場地区内の二方路で，一部が高圧線下地 —————— *114*
- **事例＊9** 工場地区から戸建住宅地域への移行地 —————— *117*
- **事例＊10** マンション適地に該当するか否かが問題になった事例(1)
  ——商業地域と準工業地域にまたがり，周辺地域にはマンションが多い土地 —————— *121*
- **事例＊11** マンション適地に該当するか否かが問題になった事例(2)
  ——大通り沿いに存する二方路地 —————— *127*
- **事例＊12** マンション適地に該当するか否かが問題になった事例(3)
  ——基準容積率が240％以上で，特定道路の容積緩和で使用可能容積率が300％の土地 —————— *136*

| 事例＊13 | その地域における標準的な宅地の地積に比して著しく広大か否かが論点となった事例(1)
――それほど規模が大きくなく，奥行もそれほどない土地 ―― 141

| 事例＊14 | その地域における標準的な宅地の地積に比して著しく広大か否かが論点となった事例(2)
――第一種低層住居専用地域内にある駅前の土地 ―― 145

| 事例＊15 | その地域における標準的な宅地の地積に比して著しく広大か否かが論点となった事例(3)
――第一種低層住居専用地域内の高級住宅街にある土地 ―― 149

| 事例＊16 | 市街化調整区域内の事例(1)
――周辺地域に戸建住宅は多いものの，開発事例がない土地 ―― 153

| 事例＊17 | 市街化調整区域内の事例(2)
――戸建住宅が散見される市街化調整区域内の土地 ―― 159

| 事例＊18 | 市街化調整区域内の事例(3)
――周辺地域に開発事例はあるが，敷地延長で行われている場合 ―― 163

| 事例＊19 | その地域特有の努力規定がある角地 ―― 167

| 事例＊20 | 敷地延長による区画割り分譲が見あたらない二方路地 ―― 171

| 事例＊21 | 経済的合理性を重視して広大地通達を適用した二方路地

———— 175

事例*22 土地の個別的要因を総合的に勘案して判断された三方路地
———— 179

事例*23 開発を了しているか否かが問題とされた事例(1)
　　──店舗(スーパー)の敷地として利用されている土地
———— 184

事例*24 開発を了しているか否かが問題とされた事例(2)
　　──駐車場として利用されている土地 ———— 189

事例*25 第一種低層住居専用地域内にある不整形地 ———— 193

事例*26 準工業地域内にある不整形地 ———— 197

事例*27 第一種中高層住居専用地域内にある不整形地
———— 201

事例*28 マンション適地に該当するか否かが問題となった不整形地
———— 205

事例*29 地積が3,000㎡を超える不整形地 ———— 209

事例*30 不整形で間口狭小な土地 ———— 213

事例*31 路地状部分(買収部分)にも転回広場が必要とされた不整形地
———— 216

事例*32 2か所で接道しているコの字型の不整形地 ———— 220

事例*33 変則的に三方路になっている不整形地 ———— 224

事例*34 国道の側道沿いに存する土地 ———— 228

事例*35 二項道路に面しているためセットバックが必要とされる土地
———— 232

- 事例＊36　高低差がある角地 ———— *236*
- 事例＊37　高低差がある中間地 ———— *240*
- 事例＊38　利用方法が戸建分譲住宅とマンション開発に分けて決定されている土地 ———— *244*
- 事例＊39　行政指導により公園用地（緑地）を無償で提供するように求められた土地 ———— *247*
- 事例＊40　取付道路が必要とされた無道路地 ———— *251*
- 事例＊41　水路占用許可が必要とされた無道路地 ———— *255*
- 事例＊42　市街地農地と生産緑地を一体で利用している土地 ———— *259*
- 事例＊43　著しく不整形で区画割りが困難な土地 ———— *264*
- 事例＊44　隣接地との事情により開発道路が必要とされた土地 ———— *268*
- 事例＊45　戸建分譲住宅が最有効使用であるとされた高圧線下地 ———— *272*
- 事例＊46　仮換地案の容積率は300％であるが，従前地の容積率は100％である区画整理事業中の土地 ———— *277*
- 事例＊47　県道沿いに入り口はあるが，店舗敷地としては使用できない土地 ———— *282*
- 事例＊48　ほぼ中央部分に赤道が介在している土地 ———— *285*
- 事例＊49　条件付きで開発が可能とされた土地 ———— *289*
- 事例＊50　開発にあたって道路用地を買収しなければならない土地 ———— *293*

【事例＊51】進入路が開発道路として認められた土地 ———— 297

【事例＊52】現に賃貸アパートが建っており，開発法の試算による意見書
を添付して更正の請求をした土地 ———— 301

【事例＊53】現に賃貸アパートが建っており，経済的合理性から判断して
広大地通達が適用された土地 ———— 305

【事例＊54】建築基準法第43条但し書き道路に面する広大地
———— 311

【事例＊55】埋蔵文化財包蔵地の減価と広大地 ———— 320

【事例＊56】青道のある広大地 ———— 324

【事例＊57】中高層マンションがある広大地 ———— 328

【事例＊58】帯状地で広大地が認められた事例 ———— 332

【事例＊59】土地の一部を売却後にマンションが建設された事例
———— 336

【事例＊60】工業地域に隣接する無道路地の広大地 ———— 340

【事例＊61】幹線道路に面する広大地 ———— 345

■参照通達・企画官情報・その他

◉財産評価基本通達24−4《広大地の評価》……………………… *350*

◉平成16年6月29日付資産評価企画官情報第2号：財産評価基本通達の一部改正について：16年情報 ………………… *352*

◉平成17年6月17日付資産評価企画官情報第1号：広大地の判定に当たり留意すべき事項（情報）：17年情報 ……………… *360*

◉No.4610：広大地の評価 ……………………………………… *369*

◉広大地の評価 ………………………………………………… *372*

広大地判定のポイント

1 土地の評価単位

広大地判定においては，広大地通達の適用を考える前に，土地の評価単位が重要となる。

宅地であれば「1画地」の判定が必要となり，宅地以外の市街地農地，市街地山林，市街地原野，宅地に類似する雑種地においては，「一団の土地」の判定が必要となる。

土地の評価単位の取り方を間違えると，広大地判定そのものができなくなるので注意が必要である。

「1画地」等の判定については，財産評価基本通達の総則にその判断基準がある。

（土地の評価上の区分）

7 土地の価額は，次に掲げる地目の別に評価する。ただし，一体として利用されている一団の土地が2以上の地目からなる場合には，その一団の土地は，そのうちの主たる地目からなるものとして，その一団の土地ごとに評価するものとする。

なお，市街化調整区域（都市計画法（昭和43年法律第100号）第7条《区域区分》第3項に規定する「市街化調整区域」をいう。以下同じ。）以外の都市計画区域（同法第4条《定義》第2項に規定する「都市計画区域」をいう。以下同じ。）で市街地的形態を形成する地域において，40《市街地農地の評価》の本文の定めにより評価する市街地農地（40－3《生産緑地の評価》に定める生産緑地を除く。），40－2《広大な市

街地農地等の評価》の本文の定めにより評価する市街地農地（40－3に定める生産緑地を除く。），49《市街地山林の評価》の本文の定めにより評価する市街地山林，49－2《広大な市街地山林の評価》の本文の定めにより評価する市街地山林，58－3《市街地原野の評価》の本文の定めにより評価する市街地原野，58－4《広大な市街地原野の評価》の本文の定めにより評価する市街地原野又は82《雑種地の評価》の本文の定めにより評価する宅地と状況が類似する雑種地のいずれか2以上の地目の土地が隣接しており，その形状，地積の大小，位置等からみてこれらを一団として評価することが合理的と認められる場合には，その一団の土地ごとに評価するものとする。

　地目は，課税時期の現況によって判定する。（昭47直資3－16・平3課評2－4外・平11課評2－12外・平16課評2－7外・平18課評2－27外改正）

(1)　宅地
(2)　田
(3)　畑
(4)　山林
(5)　原野
(6)　牧場
(7)　池沼
(8)　削除
(9)　鉱泉地
(10)　雑種地

(注)　地目の判定は，不動産登記事務取扱手続準則（平成17年2月25日付民二第456号法務省民事局長通達）第68条及び第69条に準じて行う。ただし，「(4)山林」には，同準則第68条の「(20)保安林」を含み，また「(10)雑種地」には，同準則第68条の「(12)墓地」から「(23)雑種地」まで（「(20)保安林」を除く。）に掲げるものを含む。

4 　広大地判定のポイント

　ここでは，土地の評価単位の判断ポイントとして，次のように規定されている。

(1) 原　則

　原則として，宅地，田，畑，山林，原野，雑種地等の地目別に評価する。その具体的な評価単位としては，『図解・財産評価』(大蔵財務協会刊)に次のように解説されている。

地　目（概　要）		評　価　単　位
宅　地	建物の敷地及びその維持若しくは効用を果たすために必要な土地	1画地の宅地（利用の単位となっている1区画の宅地）
農　地（田・畑）	田……農耕地で用水を利用して耕作する土地 畑……農耕地で用水を利用しないで耕作する土地	1枚の農地（耕作の単位となっている1区画の農地）
山　林	耕作の方法によらないで竹木の生育する土地	1筆の山林
原　野	耕作の方法によらないで雑草，灌木類の生育する土地	1筆の原野
牧　場	獣畜を放牧する土地	1筆の牧場
池　沼	灌漑用水でない水の貯溜池	1筆の池沼
鉱　泉　地	鉱泉（温泉を含む。）の湧出口及びその維持に必要な土地	1筆の鉱泉地
雑　種　地	上記のいずれにも該当しない土地	利用の単位となっている（同一の目的に供されている）一団の雑種地

① 原則として農地は1枚の農地ごとに，山林は1筆の山林ごとに，原野は1筆の原野ごとに評価する。

　宅地比準方式で評価する市街地農地等については，宅地化が進展している地域のうちに介在し，将来的に宅地化の可能性が高いことから，その取引価額も宅地の価額の影響を強く受けるものであるため，その価額は宅地としての利用単位をもとに形成されるものと認められる。

　したがって，宅地としての効用を果たす規模や形状等の観点から利用の単位となっている隣接する一団の市街地農地等を一体として評価することができることとなっている。

② 雑種地の評価は，原則として，「利用の単位となっている一団の雑種地（同一の目的に供されている雑種地）」ごとに評価する。

　なお，いずれの用にも供されていない雑種地については，その全体を「利用の単位となっている一団の雑種地」として評価する。

　ただし，市街化調整区域以外の都市計画区域で市街地的形態を形成する地域にある「宅地と状況が類似する雑種地」については，その形状(画地要件)，地積の大小(面積要件)，位置(道路要件)等からみて，これらを一団の土地として評価することが合理的であると認められる場合には，その一団の土地として評価することができる。

　利用の単位となっている一団の雑種地は，物理的に一体として利用されているものをいい，道路，河川等で分離されているものは，原則として一団の雑種地とならないこととなっている。

【具体例】

(『財産評価基本通達逐条解説』大蔵財務協会刊より)

　この雑種地においては，原則として，各利用単位ごとに評価することとなるが，ⒶまたはⒷ単独では，宅地の効用を果たさないことから，ⒶとⒷとを合わせた全体を一団の雑種地として評価することとなる。

　この場合，ⒶとⒷとの合計面積では，宅地の標準的規模しかないので広大地通達は適用できないこととなる。

(2) 地目の判定

　この場合の地目については，登記簿上の地目ではなく，課税時期における土地の現況によって判断する。

　したがって，課税時期において，登記簿上農地となっているが，長期間放置されていたため雑草等が生育し，容易に農地に復元しないような状況にある場合の農地は，原野または雑種地と判定される。

　また，郊外の農家においてよく見られるケースであるが，登記簿上農地となっているが，農地法の転用許可を受けていなくて，アパートの敷地として利用している場合についても宅地として判定される。

(3) 例　外

　例外的に，①市街化調整区域以外（これは，市街化調整区域内土地は，原則，宅地化が不可となることから除かれているものと判断される）の都市計画区域で市街地的形態を形成する地域（原則は，路線価地域と判断される）において，②市街地農地（生産緑地を除く），市街地山林，市街地原野，宅地と類似する雑種地が隣接し一体として利用されている一団の土地が2以上の地目からなる場合には，③その形状（画地要件），地積の大小（面積要件），位置（道路要件）等からみて，これらを一団として評価することが合理的と認められる場合には，その一団の土地ごとに評価することができる。

　その判断基準の具体的な例としては，次のようなものがある。

例❶：ゴルフ練習場用地

(『財産評価基本通達逐条解説』大蔵財務協会刊より)

①　一部に建物がある場合でも，建物敷地以外の土地の利用を主とし，建物はその附随的なものと認められる場合が該当する。この例

では，地積が3,000㎡の土地であるため一体利用の判断がしやすいが，1,000㎡以下の土地では建物が附随的かどうかの判断が難しい。
② この例は，路線価地域にあるゴルフ練習場，すなわち，市街地の雑種地を想定している。なお，高低差，段差がある場合は，宅地比準方式で評価することとなるため造成費等を考慮することができることとなっている。

例❷：地目が異なる土地が一体として利用されている場合──その(1)

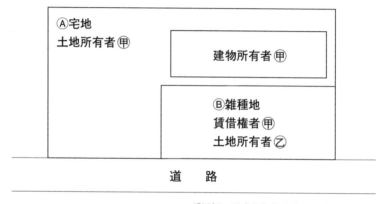

(『図解・財産評価』大蔵財務協会刊より)

原則として，土地所有者㊤の評価においては，所有する土地に隣接する土地を賃借して所有する土地を一体として利用している場合には，Ⓐ宅地とⒷ雑種地とは一体で評価することとなる。
しかし，Ⓑ雑種地の賃借権の内容が資材置場等として一時的な使用を目的とする場合で，契約期間が1年以内であり，権利金の授受がない場合は，一体として評価をする必要はないこととなっている。

例❸：地目が異なる土地が一体として利用されている場合──その(2)

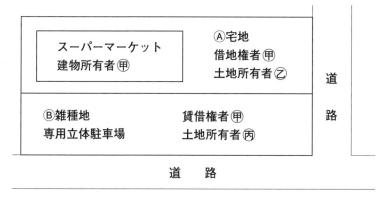

(『図解・財産評価』大蔵財務協会刊より)

　この例では，借地権者甲の評価においては，Ⓑ雑種地は，スーパーマーケットの買い物客の駐車場としてⒶ宅地と一体として利用されていることから，Ⓐ宅地とⒷ雑種地とを一体評価して，面積按分によりⒶ宅地の借地権，Ⓑ雑種地の賃借権の価額を評価することとなる。
　なお，乙土地，丙土地の評価については，いずれも貸宅地として単独評価をすることとなっている。

例❹：一団の土地が周辺の宅地の標準的規模以下である場合

（『財産評価基本通達逐条解説』大蔵財務協会刊より）

① この場合，宅地転用を想定して評価をすることとなる。
　したがって，Ⓐ+Ⓑ+Ⓒの土地が同一所有者であれば，分割して売却するよりも一体で売却するのが経済的合理性からみて最も妥当性があるので，一団の土地として評価できることとなる。
② ここで注意したいことは，各土地を個別にみると，標準的な規模の宅地よりいずれも規模が小さいことである。単独では規模が小さく土地の有効利用ができない土地であるから，一団の土地として評価することに合理性があると判断されている。
③ 周辺の標準的規模の宅地の面積については，実務上，類似する地域内にある地価公示地，基準地の面積が該当するものと思われる。

例❺：一団の土地が周辺の宅地の標準的規模以上である場合

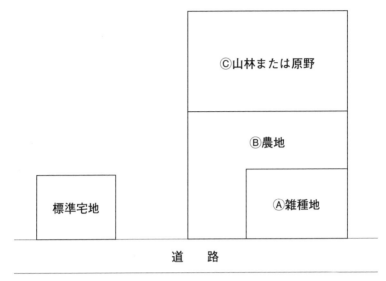

(『財産評価基本通達逐条解説』大蔵財務協会刊より)

この場合，一団の土地の判定は難しい。
① Ⓐ雑種地は，標準宅地の規模とほぼ同じであることから，単独でも宅地としての効用を果たすことができるので単独評価となるであろう。
② Ⓑ農地については，形状，規模，位置関係等から単独でも宅地としての効用を果たすことができるため単独評価となる。
③ Ⓒ山林または原野は難しい。宅地の効用を考える場合，取付道路の開設により路地状敷地として単独でも宅地としての効用を果たすことが可能である。また，Ⓑ農地と一体として一団の宅地としての効用を果たすこともできる。したがって，どちらの方法が最も経済的合理性があるかの判断となる。
　判断基準としては，Ⓒ単独の相続税評価額の単価と，Ⓒ＋Ⓑ一団

としての相続税評価額の単価を比較する方法がある。

　不動産市場の常識的な判断としては，一団で評価した方が高く売却できるので，最も経済的合理性があるのは一団としての評価だろうと思われる。

　しかし，広大地通達の適用如何においては混乱することとなる。いわゆる，Ⓑ単独，Ⓒ単独，Ⓑ＋Ⓒ一団の土地がいずれも広大地通達の適用が可能であれば一団の評価が最も単価が高くなるが，Ⓑ単独では広大地通達が適用できない場合は難しくなる。

　いずれにしても，宅地の効用が前提であり，評価の基本である最有効使用の判定によって判断することになる。

例❻：一団の土地が周辺の宅地の標準的規模である場合——その⑴

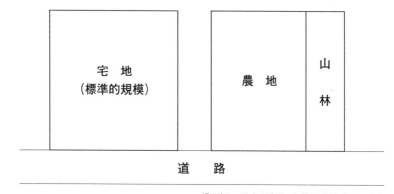

（『図解・財産評価』大蔵財務協会刊より）

　この場合は，山林のみで評価すると形状が間口狭小，奥行長大な土地となり，山林部分を単独で利用するには，周辺の標準的な宅地と比較した場合に宅地の効用を十分に果たすことはできないことから，隣接する農地と一体として一団の土地として評価することができる。

例❼：一団の土地が周辺の宅地の標準的規模である場合──その(2)

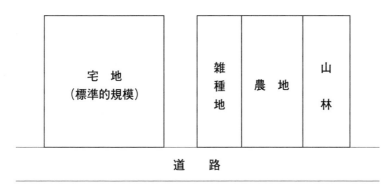

(『図解・財産評価』大蔵財務協会刊より)

　この場合は，農地，山林，雑種地それぞれ単独で評価すると，形状が間口狭小，奥行長大な土地となり，単独で利用するには，周辺の標準的な宅地と比較した場合に宅地の効用を十分に果たすことはできないことから，隣接する農地，山林，雑種地一体として一団の土地として評価することができる。

例❽：一団の土地が周辺の宅地の標準的規模である場合──その(3)

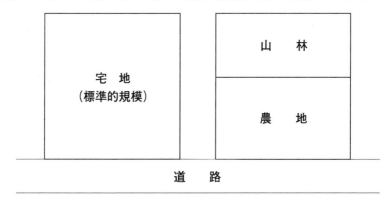

(『図解・財産評価』大蔵財務協会刊より)

この場合は、山林のみで評価すると、道路に面していないことから建物が建てられない土地となり、宅地としては評価できない。

　山林部分を単独で利用するには、周辺の標準的な宅地と比較した場合に宅地の効用を十分に果たすことはできないことから、隣接する農地と一体として一団の土地として評価することができる。

例❾：一団の土地が周辺の宅地の標準的規模以上である場合

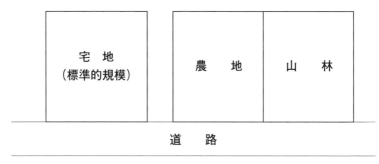

（『図解・財産評価』大蔵財務協会刊より）

　この場合は、農地、山林の土地が形状、規模、位置等がよく、各単独で利用する場合、周辺の標準的な宅地と比較しても宅地としての効用を十分に果たすことができることから、それぞれ単独で評価することとなる。

　以上のように、市街地に所在している農地、山林、原野、雑種地等の土地の評価においては、形状（画地要件）、規模（面積要件）、位置（道路要件）等を重視して、一団の土地として評価できる場合があるものと考えられる。
　①　形状（画地要件）としては、間口狭小、奥行長大、奥行短小、三角地、旗竿敷地、がけ地等の地形によって、その地目単独では宅地

として十分に効用を果たすことができないことが判断基準となる。
② 規模（面積要件）としては，周辺の類似する地域内にある地価公示地，基準地の形状，規模が参考となる。
③ 位置（道路要件）については，土地に面している道路がどのようになっているかがポイントとなる。すなわち，市街地農地等は宅地比準方式により評価することとなるので，宅地転用を想定し，建物が建築できるかどうかの判定が必要となる。無道路地では建物が建てられないし，間口が2m以上ないと単独では建物が建てられないこととなるので，道路要件が重要となる。

(4) 相続税法における土地の評価単位

相続税法においては，遺産分割後の各相続人が取得した土地が評価単位となっており，取得者単位となっている。したがって，相続時に被相続人が利用している土地の評価単位ではないことに留意する必要がある。なお，遺産分割前の未分割の場合は，法定相続で取得したものとみなして土地の評価単位となる。

また，土地の遺産分割が著しく不合理であると認められた場合には，非相続人が所有していた状態で評価することとなっている。

この分割が著しく不合理であると認められる場合としては，無道路地，帯状地または著しく狭あいな画地を創出するなど，分割後の画地では現在および将来においても有効な土地利用が図られないと認められる次ページの図のような例が考えられる。

さらに，この取扱いは同族会社間等で不合理な分割が行われた場合にも適用がある。しかし，第三者間で行われる通常の取引においては適用がないこととなっている。

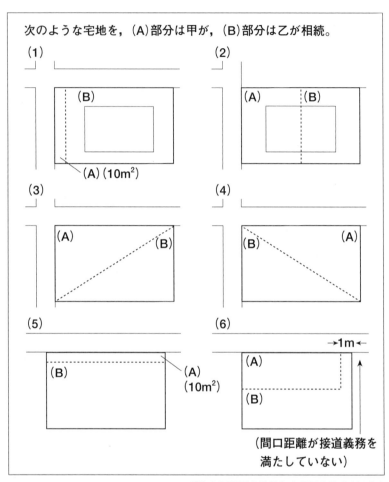

(『資産税質疑応答集』大蔵財務協会刊より)

(5) 宅地の「1画地」判定

　宅地の「1画地」の判定においても，相続税法の独特な判断基準がある。

　宅地は，「1画地」ごとに評価することとなるが，「1画地の宅地」と

は，利用の単位となっている1区画の宅地となる。この場合において，かならずしも1筆の宅地とはならず，2筆以上の宅地からなる場合もあり，また，1筆の宅地が2画地以上になる場合がある。

1画地の判定例としては，次のようなものがある。

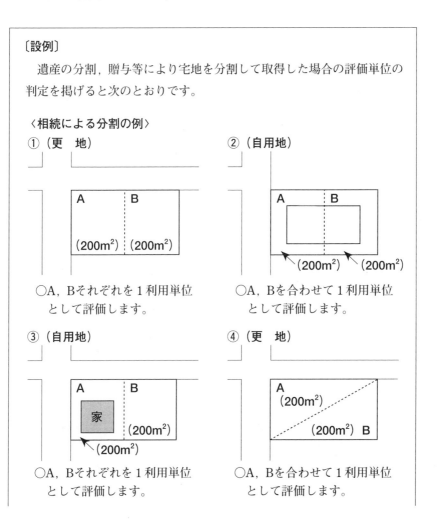

〔設例〕
　遺産の分割，贈与等により宅地を分割して取得した場合の評価単位の判定を掲げると次のとおりです。

〈相続による分割の例〉

① （更　地）

○A，Bそれぞれを1利用単位として評価します。

② （自用地）

○A，Bを合わせて1利用単位として評価します。

③ （自用地）

○A，Bそれぞれを1利用単位として評価します。

④ （更　地）

○A，Bを合わせて1利用単位として評価します。

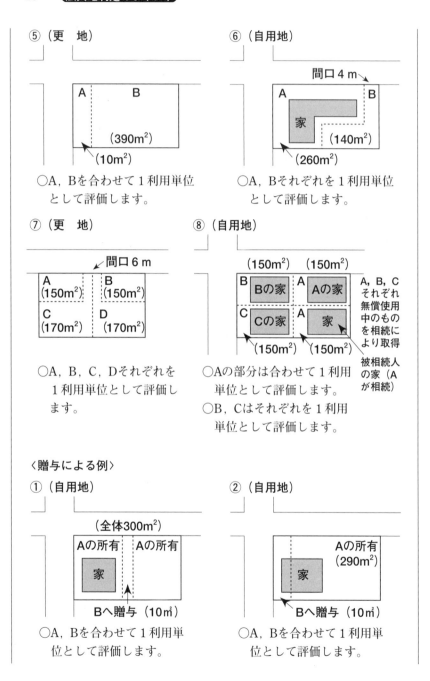

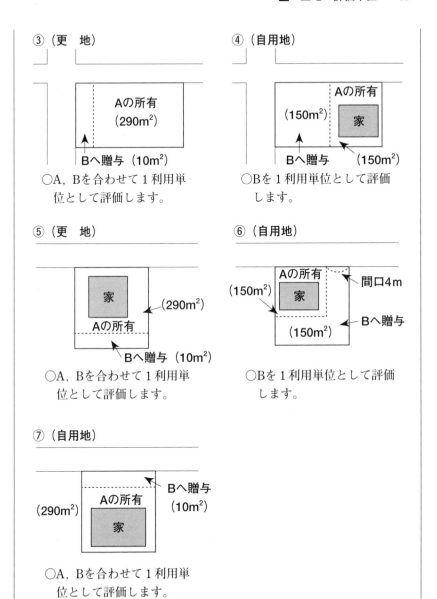

2 広大地判定の4つの基準

　実務上，広大地評価の適否については，下掲のように評価通達，企画官情報，解釈本が多数あり，その判定に迷うことが多いが，基本的には国税庁から発表されている通達等がもとになる。

① 　財産評価基本通達24－4「広大地の評価」（以下，**「広大地通達」**という）（350ページ以下）
② 　平成16年6月29日付資産評価企画官情報第2号「財産評価基本通達の一部改正について」（以下，**「16年情報」**という）（352ページ以下）
③ 　平成17年6月17日付資産評価企画官情報第1号「広大地の判定に当たり留意すべき事項(情報)」（以下，**「17年情報」**という）（360ページ以下）
④ 　『平成26年版・土地評価の実務』（藤原忠文編，大蔵財務協会刊。以下，**『平成26年版・土地評価の実務』**という）

　以下，上記の資料を参考に広大地判定のポイントをまとめ，各事例について検討することとする。
　まず，広大地判定のポイントとしては，「17年情報」における「広大地評価フローチャート」が基本となる。そこで，次ページのフローチャートを前提に広大地判定のポイントを整理することとする。

2 広大地判定の４つの基準 21

○広大地評価フローチャート

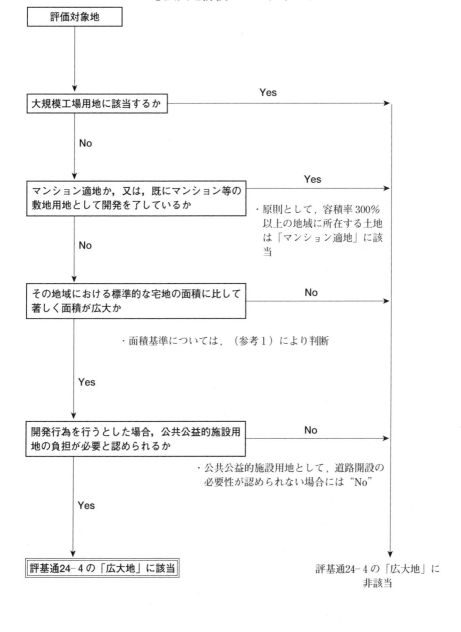

判定❶ マンション適地かどうか？
ーー マンション適地基準

　マンション適地の判定については，「16年情報」で定義付けられ，「17年情報」で具体的に解説されている。その内容は非常に難解であるが，以下のように解釈できると考えられる。

① 　容積率300％以上は，マンションを建築し分譲することが最有効使用と判断されるから，原則としてマンション適地とする（「16年情報」）。
　　（注）　マンション適地を考える場合，マンションを建築し分譲する場合と，賃貸マンションを建築する場合が想定される。
　　　　「広大地通達」は，都市計画法上の開発行為を前提に理論構成されている。都市計画法では，賃貸マンションの建築は開発行為とならないこと，および，分譲マンションと賃貸マンションとを比較した場合，賃貸マンションの適地は，高級住宅地または容積率300％以上の高層マンションが建築できる土地であり，それ以外の土地は賃貸マンションが経済的合理性からみて最有効使用となることは実務上考えられないと思われる。
　　　　すなわち，一般住宅地や郊外の住宅地において賃貸マンション経営が成り立つのは，相続対策等により土地の取得を必要としない地主が賃貸マンションを建てる場合であり，居住用の家賃水準が低位にある住宅地域では投資利回りが低くなり，経済的合理性からみて，土地を取得して賃貸マンションを建築することは採算が合わない。
　　　　したがって，マンション適地を判定する場合は，賃貸マンションは考慮外とし，分譲マンションを考えることが前提となる。

② ①以外の地域においては，マンション適地か戸建用適地かの判断が必要であり，その場合，土地の最有効使用で判断する（「16年情報」）。

それでは，土地の最有効使用を判定するには，どうしたらよいであろうか。

「16年情報」には，対象地の周辺地域の標準的な使用を前提に最適な土地利用の方法を判断せよとある。加えて，具体的には，周辺地域のマンション建築の動向を踏まえたマンション移行程度を社会的・経済的・行政的見地から判断せよとある。

しかし，この要件は，一般的な地域要因からみた判断基準であり，現実的な具体性に欠けている。

鑑定評価においては，一般的な要件から土地の利用状況を絞り，実際の建物を想定して経済的合理性により最有効使用を判定することとなっている。

公表されている二つの情報では，一般的な要因分析の指針しか明示されておらず，具体的かつ経済合理的に判断することはできない。情報の解説においては，各所に鑑定評価を準用していることから，鑑定評価における開発法がその判断基準になるものと思われる。

鑑定評価では，最有効使用の判定においては経済的合理性が最も重視され，広大地のマンション適地を判断する方法としては開発法の手法がある。

すなわち，マンション分譲を想定し土地価格を逆算する方法と，戸建分譲を想定し土地価格を逆算する方法により判断することとなっていることから，広大地の判定においては，最も有効な判断材料と思われる。

③　土地の最有効使用の判定においては，対象地の周辺地域の標準的使用の状況を参考とする（「16年情報」）。

　この標準的使用の判断基準は，②で解説したように，最有効使用を判定するときの地域要因を捉えるのに必要条件ではあるが，十分条件ではないからである。あくまでも参考とはなるが，最有効使用の決定要因とはならない。それは，広大地の多くは，その地域の標準的使用からかけ離れている土地の面積が広大な土地だからである。

　標準的使用は，最有効使用の建物を絞り込むのに地域要因として必要なものであるが，決定要因ではない。

④　土地の最有効使用の判定においては，「周囲の状況や専門家の意見等から判断して，明らかにマンション用地に適していると認められる土地」が広大地に該当する（「16年情報」）。

　これは，単にマンション適地，いわゆるマンションが建てられる土地であることではなく，最も経済合理的にマンション適地でないとだめであることをいっているのである。

　マンション適地の判定は専門的であることから，その判定が難しい場合には，専門家の意見等を求める必要がある。その具体的な判断基準としては，②に掲げた鑑定評価による開発法がある。

⑤　①の容積率300％については，公法上の容積率ではなく，建築基準法の影響下にある実際の有効容積率（たとえば，建築基準法上の道路の幅員による影響）で判断する（「17年情報」）。

　この判断基準はあまりにも形式的であり，基本は最有効使用の判定になる。

判定❷ すでにマンション等の敷地用地として開発を了しているか？
── 開発了基準

① すでに開発を了しているマンション，ビル等の敷地（「16年情報」）。

『平成26年版・土地評価の実務』の「既にマンションの敷地等に供されている場合」において，この「開発」とは「開発行為」であると解説されているが，広大地通達でいう開発行為とは異なる概念である。

広大地通達における開発行為とは，あくまでも都市計画法上における開発行為であり，すでに開発を了しているマンション，ビル等については，都市計画法上の開発行為とならない建物が多い。

賃貸マンション，ビル等は建築基準法上の建築確認が必要であるが，開発許可を取らなくても建築できることになっているので，開発行為とはいわない。したがって，ここでいう「開発行為」とは，単なる建築物の建設による開発の意味である。

さらに，『平成26年版・土地評価の実務』（大蔵財務協会刊）は，同じ項目で，「開発」を次のように解説している。

「中高層のマンションの敷地の用に供されている宅地など，現に広大な宅地として一体的に最有効利用されている建築物の敷地については，更に開発を行う必要性がありませんから，たとえ標準的な地積に比して著しく広大な宅地であったとしても，原則として評価基本通達でいう『広大地』に該当しません。」

ここで重要なのは，「一体的に最有効利用されている建築物の敷地」

であろう。最有効利用とあるのは，最有効使用と同一概念であろう。逆にいえば，一体的に最有効利用されていないものは，たとえマンション，ビルが建っていようとも，他の要件もあるが，広大地の範疇に入ることとなる。ここでも，最有効使用とは何かがポイントとなろう。

② 現に宅地として有効利用されている建築物等の敷地（たとえば，大規模店舗，ファミリーレストラン等）（「16年情報」）。

「17年情報」で補足されているように，ここでいう「有効利用」とは，その地域の標準的使用といえるかどうかで判定するとしている。

標準的使用が大規模店舗等と判定される都市郊外の幹線道路沿いには，店舗，営業所等が連たんしていることから，標準的使用は大規模店舗等であり広大地に該当しないこととなった。

一方，戸建住宅が連たんする住宅街に存する大規模店舗やファミリーレストラン，ゴルフ練習場などは，その地域の標準的使用とならないことから，「現に宅地として有効利用されている建築物等の敷地」とはならないものとなっている。

これは，次の「面積基準」と関係してくることになる。

判定❸ その地域における標準的な宅地の面積に比して著しく面積が広大か？
── 面積基準

① 普通住宅地区等に所在する土地で，各自治体が定める開発許可を要する面積基準以上のもの（「16年情報」）。

② 基本的に開発許可面積基準を指標とする（「17年情報」）。

その地域における標準的な宅地の面積は，その土地の所在する周辺地域の地価公示地または基準地が指標とされる。

著しく広大かどうかは，形式的には各自治体が定める開発許可を要する面積基準以上のものとされている。

ただし，開発許可面積基準以上であっても，面積がその地域の標準的な規模である場合は広大地に該当しないこととなった。

（面積基準）

　原則として，次に掲げる面積以上の宅地については，面積基準の要件を満たすものとする。

① 市街化区域，非線引き都市計画区域（②に該当するものを除く。）
　　　　……都市計画法施行令第19条第1項及び第2項に定める面積（※）
　　　※　1　市街化区域
　　　　　　　　三大都市圏 ………………… 　500㎡
　　　　　　　　それ以外の地域 ………… 　1,000㎡
　　　　　2　非線引き都市計画区域 … 　3,000㎡

② 用途地域が定められている非線引き都市計画区域
　　　　………………市街化区域に準じた面積

　ただし，近隣の地域の状況から，地域の標準的な規模が上記面積以上である場合については，当該地域の標準的な土地の面積を超える面積のものとする。

　（注）1　「非線引き都市計画区域」とは，市街化区域と市街化調整区域の区域区分が行われていない都市計画区域をいう。
　　　　2　面積基準を図式化したものが（**参考1**）である。

2 広大地判定の４つの基準　29

(参考１)　　　○広大地評価の面積基準のイメージ

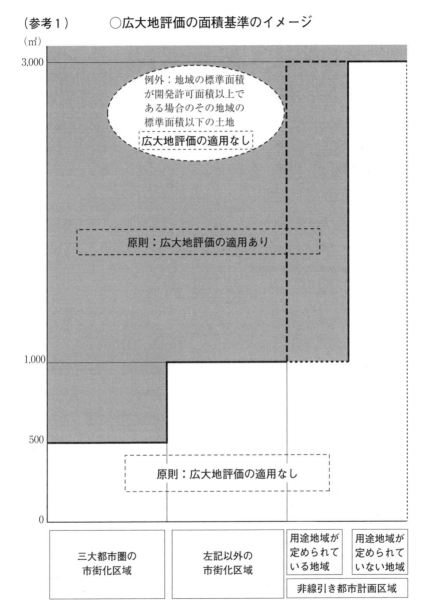

※都道府県等の条例により，開発許可面積基準を別に定めている場合は，その面積による。

判定❹ 開発行為を行うとした場合，公共公益的施設用地の負担が必要と認められるか？
―― 潰れ地基準

　広大地の評価は，戸建分譲住宅用地として開発した場合に相当規模の公共公益的施設用地の負担が生じる土地を前提としている。

　したがって，公共公益的施設用地の負担の必要性は，最も経済合理的に戸建住宅の分譲を行った場合の，当該開発区域に開設される道路の必要性により判定することが相当である。

　なお，ごみ集積所などの小規模施設のみの開設が必要な土地は，「公共公益的施設用地の負担がほとんど生じないと認められる土地」に該当するため広大地に該当しないことになっている（「17年情報」）。

　『平成26年版・土地評価の実務』（大蔵財務協会刊）においては，公共公益的施設用地の負担がほとんど生じないと認められる土地のイメージとして次のものが例示されている。

（公共公益的施設用地の負担がほとんど生じないと認められる土地のイメージ）

(1)　ようかん型の土地（道路に面しており，間口が広く，奥行がそれほどではない土地）

(2)　区画整理地，大規模開発分譲地等にみられる土地（道路が二方，三方及び四方にある土地）

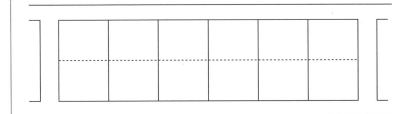

(3) 旗竿開発が合理的であると認められる土地（都心部及びその周辺部で多くみられるいわゆる「旗竿開発」(路地状敷地による開発)を行うことが合理的と考えられる土地）

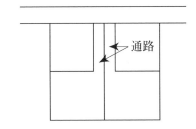

旗竿開発が合理的と認められる場合の評価対象地については、次の理由から、広大地通達の適用はないと判断するのが相当であると考えられます。

① 広大地は、戸建住宅分譲用地として開発され、道路等の潰れ地が生じる土地を前提としていること。

② 旗竿開発においては細長い路地状部分（通路）が生ずるものの、この部分はあくまでも敷地の延長部分であって、建築基準法上の道路ではないこと。

③ 平成17年情報では、公共公益的施設用地の負担の必要性は開発道路により判断することが相当であるとしていること。

④ 開発許可制度の運用上、単なる分合筆による権利区画の変更は開発行為に当たらないものとされていること。

なお、評価対象地が旗竿開発が合理的と認められる場合に当たるかどうかは、周囲の状況等から慎重に判断する必要があります。

(参考) 「旗竿開発を想定することが合理的な場合には，公共公益的施設用地の負担が不要であるから，広大地通達の適用はない」とされた裁判例として，東京地裁平成17年11月1日判決及びその控訴審である東京高裁平成18年3月28日があります。

＊　　　　　＊　　　　　＊

以上のように，広大地判定のポイントは，
① マンション適地基準
② 面積基準
③ 開発了基準
④ 潰れ地基準

の4つとされるが，82ページ以下にとり上げる具体例の判定においては，⑤として最有効使用基準を加えて，次のような判定表を使用する。

広大地判定表

	チェック項目	判定	備考
①	マンション適地基準	○または×	判定の具体的内容
②	面積基準	○または×	判定の具体的内容
③	開発了基準	○または×	判定の具体的内容
④	潰れ地基準	○または×	判定の具体的内容
⑤	最有効使用基準	○または×	判定の具体的内容

3 広大地判定における「理由の附記」の例

　平成23年の納税環境整備に係る国税通則法の改正により，平成25年から，国税庁は，更正の請求の棄却等に対する処分をする場合には，「なぜそのような判断に至ったかという判断過程については，これを省略することなく，具体的に記載する必要がある」という「理由の附記」をしなくてはならなくなっている。

　最近，実務上，広大地通達の適用を否認する場合には，課税庁側は，以下のような「理由の附記」をしている。

　この例は，筆者の事案である。更正の請求において国道沿いの土地に広大地通達が適用できるか否かを争ったものであり，国税不服審判所まで行って棄却された事案であるが，異議申立における棄却内容であり，その争点と理由が整理されているので，参考として掲示する。

> 【資料】税務署の「更正をすべき理由がない旨の通知書」の理由の附記の例
> 1．○○○○○所在の土地（宅地○○○○○㎡）について
> 　　あなたは，本件更正の請求において，本件土地は財産評価基本通達（以下，「評価通達」という。）24－4《広大地の評価》に定める「その地域における標準的な宅地の地積に比して著しく地積が広大な宅地で都市計画法第4条《定義》第12項に規定する開発行為を行うとした場

合に公共公益的施設用地の負担が必要と認められるもの」(以下,「広大地」といいます。)に当たるとして,同通達の定めにより,本件土地を評価しています。

しかしながら,次の理由から本件土地は,同通達に定める広大地に該当しません。

(1) **本件土地が属する「その地域」について**

　あなたは,本件土地を基点に北西へ○○○m,南西へ○○○mの地域を,本件土地が属する「その地域」であるとしています。

　しかしながら,次の理由から,本件土地が属する「その地域」は,主要地方道○○○○線(○○街道)と市道○○○○線(○○○通り)の間の国道○○○号沿いの地域であると認められます。
(理　由)

　本件土地の所在する国道○○○号沿いの地域は,国道沿いという交通利便性を生かした大規模店舗及び倉庫の敷地として利用されている土地が多く,○○市都市計画マスタープランにおいて商業・流通・サービス施設等の立地を誘導する地区であると位置付けていること。

　このことと,行政区域,用途地域,○○○駅からの距離等を総合的に勘案しました。

(2) **標準的な宅地の地積に比して著しく広大な宅地であるか否か**

　次の理由から,本件その地域における宅地の標準的使用は大規模店舗及び倉庫の敷地であり,その地積は○○○○○㎡ないし○○○○㎡となるところ,本件土地は,その地積が○○○○○㎡であるため,本件その地域における標準的な宅地の地積に比して著しく地積が広大な宅地であると認められます。
(理　由)

　本件その地域には,小規模な店舗等の敷地もありますが,本件そ

の地域の宅地は，その多くを大規模店舗及び倉庫の敷地として利用されており，それらの地積はばらつきがみられるものの，おおむね○○○○㎡ないし○○○○㎡程度であること。

(3) **開発行為を行うとした場合に公共公益的施設用地の負担が必要と認められるか否かについて**

本件土地については，次の理由から，本件土地を標準的な宅地の地積に分割して利用するよりも大規模な地積を生かして大規模店舗敷地等及びその駐車場として利用することが合理的であると認められるため，公共公益的施設用地の負担が必要であるとは認められません。

なお，本件土地は，標準的な地積である○○○○㎡ないし○○○○㎡の土地に区分して開発するとした場合であっても，本件土地の接道状況及び形状からすると，公共公益的施設用地の負担は必要とは認められません。

（理　由）

本件その地域における宅地の標準的使用は大規模店舗及び倉庫の敷地であること及び○○市マスタープランにおいても本件その地域は商業・流通・サービス施設等の立地を誘導する地区であると位置付けられていること。

以上のように，広大地判定については，課税庁は，広大地通達に従って次のように争点をまとめて説明するようになっている。

(1) 本件土地が属する「その地域」について
(2) 標準的な宅地の地積に比して著しく広大な宅地であるか否か
(3) 開発行為を行うとした場合に公共公益的施設用地の負担が必要と認められるか否かについて

> 【参考】財産評価基本通達24－4
> （広大地の評価）
> 24－4　その地域における標準的な宅地の地積に比して著しく地積が広大な宅地で都市計画法第4条《定義》第12項に規定する開発行為（以下本項において「開発行為」という。）を行うとした場合に公共公益的施設用地の負担が必要と認められるもの（22－2《大規模工場用地》に定める大規模工場用地に該当するもの及び中高層の集合住宅等の敷地用地に適しているもの（その宅地について、経済的に最も合理的であると認められる開発行為が中高層の集合住宅等を建築することを目的とするものであると認められるものをいう。）を除く。以下「広大地」という。）の価額は、原則として、次に掲げる区分に従い、それぞれ次により計算した金額によって評価する。（下線：筆者）

（下線部の番号：(1)「その地域における」、(2)「都市計画法第4条《定義》」、(3)「中高層の集合住宅等の敷地用地に適しているもの」、(3)の補足「経済的に最も合理的であると認められる」）

　まず、本件土地が属する「(1)その地域」についての考え方である。

　「その地域」とは、裁決、判決等で明確に定義されているし、国税庁の質疑応答事例集で公表されている。その内容は以下のとおりである。

　原則として、対象地周辺の、

① 河川や山などの自然的状況

② 土地の利用状況の連続性や地域の一体性を分断する道路、鉄道および公園などの状況

③ 行政区域

④ 都市計画法による土地利用の規制等の公法上の規制など、土地利用上の利便性や利用形態に影響を及ぼすもの

などを総合勘案し、利用状況、環境等が概ね同一と認められる、住宅、商業、工業など特定の用途に供されることを中心としたひとまとまりの地域をいう。

　この定義は、次の(2)の判定における前提条件であり、入り口論であ

る。したがって、広大地通達における「その地域」の判定からスタートする。

次に、「(2)標準的な宅地の地積に比して著しく広大な宅地」であるか否かについてである。

「その地域」における「標準的な宅地の地積に比して著しく広大な宅地」であるか否かの判定は、(1)の「その地域」の範囲において、土地の標準的使用と標準的地積の判定がなされ、それを前提に対象地が「著しく広大」かどうかを判定することとなっている。

標準的使用とは、「その地域」の土地の利用形態が戸建住宅か、アパートか、マンションか、倉庫工場か、店舗事務所か、どの利用形態が中心的となるかを判定することにある。

その標準的使用が決まれば、その標準的使用の平均的な地積が判明し、そこで、対象地がその標準的地積に比して著しく広大かどうかが判定できることとなる。

なお、この標準的地積の判定においては、その地域の土地利用を詳細に調査・分析しなければならないことから、事務の煩雑性を避けるために、国税庁は「17年情報」によって、原則「普通住宅地区等に所在する土地で、各自治体が定める開発許可を要する面積基準以上のもの」と面積基準を情報開示している。

したがって、この「標準的な宅地の地積に比して著しく広大な宅地」であるか否かの判定は、この面積基準を利用できる。ここまでは、広大地の入口論となる。

最後に、出口論としての「(3)開発行為を行うとした場合に公共公益的施設用地の負担が必要と認められるもの」か否かについてである。

ここでは、単に「開発行為を行うとした場合に公共公益的施設用地の負担が必要と認められるもの」か否かについての判定かと思われるが、

そうではない。

広大地の重要な最終判定がここにあるといわれている。

(1)と(2)については，対象地の属する「その地域」の標準的使用と標準的地積を判定しただけであり，いわゆる地域要因を判定したのにすぎない。

広大地の最終判定は，対象地の最有効使用が決め手となる。ここでは，「経済的に最も合理的であると認められる開発行為」が戸建分譲開発か路地状敷地開発かの判定である。

なお，マンション適地であれば，(2)の判定で広大地は否認される。

ここでの「経済的に最も合理的であると認められる開発行為」の検討は，対象地の最有効使用の検討となる。

ここで留意すべきは，標準的使用が必ずしも最有効使用とはならないし，また，マンション敷地等で開発を了しているから広大地に該当しないという判断は，広大地通達の文理解釈上整合性がとれていないと考える。

そこで，項を改めて，広大地通達における「標準的使用」と「最有効使用」について検討する。

4 広大地通達における「標準的使用」と「最有効使用」の概念

(1) 標準的使用とは？

まず，標準的使用の概念を考えてみよう。

「標準的使用」の概念については，広大地通達の大きな改正に伴い，「16年情報」においてはじめて使用され，以下の解説がある。

> (3) マンション適地の判定
>
> 　評価対象地について，中高層の集合住宅等の敷地，いわゆるマンション適地等として使用するのが最有効使用と認められるか否かの判断は，その土地の周辺地域の<u>標準的使用</u>の状況を参考とすることになるのであるが，戸建住宅とマンションが混在している地域（主に容積率200％の地域）にあっては，その土地の最有効使用を判断することが困難な場合もあると考えられる。（下線・筆者。以下，同じ）
> （以下，省略）

ここでは，「標準的使用」については，マンション適地の判定において，その土地の最有効使用を判定する場合に周辺地域の標準的使用を参考とするとなっている。

この記述は，後述する不動産鑑定評価基準から借用した概念であり，

「標準的使用」は，その土地の最有効使用を判定する場合の参考要素としての位置付けであり，その意味では，不動産鑑定評価基準との整合性はとれている。

次に，「17年情報」では，「現に宅地として有効利用されている建築物等の敷地」としての解説で「標準的使用」が使われている。

> **2 現に宅地として有効利用されている建築物等の敷地**
>
> 前記の情報第2号「2 広大地の評価」のとおり，「大規模店舗，ファミリーレストラン等」は，「現に宅地として有効利用されている建築物等の敷地」であることから，広大地に該当しないこととしている。
>
> これは，比較的規模の大きい土地の有効利用の一形態として大規模店舗等を例示的に示したものである。したがって，大規模店舗等の敷地がその地域において有効利用されているかどうか，言い換えれば，それらの敷地がその地域の土地の<u>標準的使用</u>といえるかどうかで判定するということであり，いわゆる「郊外路線商業地域」（都市の郊外の幹線道路（国道，都道府県道等）沿いにおいて，店舗，営業所等が連たんしているような地域）に存する大規模店舗等の敷地が，この「現に宅地として有効利用されている建築物等の敷地」に該当する。
>
> 一方，例えば，戸建住宅が連たんする住宅街に存する大規模店舗やファミリーレストラン，ゴルフ練習場などは，その地域の<u>標準的使用</u>とはいえないことから，「現に宅地として有効利用されている建築物等の敷地」には該当しない。

ここでは，「郊外路線商業地域」において，「その地域」の「標準的使用」と同一の土地利用であれば，有効利用されているのであるから，広大地には該当しないとされている。

「有効利用」されていれば，「最有効使用」の検討の必要性がないのであろうか。このような「郊外路線商業地域」においては，一般的に土地

の標準的地積が1,000㎡～3,000㎡と大きな土地となって，対象地もその程度の規模であると「著しく広大」ではないことから広大地通達が適用にならない。

だが，実際にあったケースであるが，このような「郊外路線商業地域」で，10,000㎡程度の土地があった。その土地は郊外店舗型駐車場用地（背後地は60％，第一種低層住居専用地域となっていた）として利用されていたが，「著しく広大な土地」と判定され，「その地域」の標準的使用と同一であり，有効利用されていることから，広大地は否認された事例がある。

しかし，この土地の最有効使用は，道路沿いが店舗用地，背後地は戸建分譲用地として考えられるものであり，最有効使用を検討せず，単に有効利用されていたからといって広大地を否認するのはいかがなものであろうか疑義を感じる事例であった。

また，『平成26年版・土地評価の実務』（大蔵財務協会刊）の中の広大地の評価では，質疑応答の回答として以下の記述がある。

> ＜質疑＞　広大地評価の判断事例
>
> （問）　戸建住宅が連たんする住宅街に存するファミリーレストランの敷地は広大地に該当するのでしょうか。
>
> （答）　ファミリーレストラン等の敷地の地積が，その地域の標準的な戸建住宅としての宅地の地積に比して著しく広大である場合には，広大地評価における他の要件を満たせば，「広大地」に該当することとなります。
>
> 　なお，いわゆる郊外路線商業地域（都市の郊外の幹線道路（国道，都道府県道等）沿いにおいて，店舗，営業所等が連たんしているような地域）に存する，その地域の標準的な宅地の地積と同規模なファミリーレストラン等の敷地については，著しく広大といえな

いため「広大地」に該当しないこととなります。

　ここでは，その地域の標準的な宅地の地積と同規模な敷地については，その地域の標準的使用と同一であれば広大地に該当しないとの判断である。

　そうすると，その地域の標準的な宅地の地積，いわゆる評価対象地がその地域における標準的地積の標準的使用と同じであれば，広大地に該当しないが，著しく広大な土地であれば，「他の要件」，すなわち「最有効使用に基づく経済的に最も合理的」な観点から評価対象地がマンション等の敷地として明らかに適すること，および開発行為において公共公益的施設用地が必要ないことの要件を満たさない限り広大地に該当すると考えられる。

　さらに，著しく地積が広大な宅地の考え方については，同書に質疑応答の回答として以下の記述がある。

＜質疑＞　著しく地積が広大な宅地の評価

（問）　評価対象地の地積が，その地域における標準的な宅地の地積に比べて著しく広大であるかどうかの判定は，どのようにするのでしょうか。

（答）　仮に，評価対象地の地積が1,000㎡であるとした場合，標準的宅地の地積が100㎡であれば著しく広大と判定されますが，標準的宅地の地積が900㎡であればその地域のほぼ標準となり，著しく広大とは判定されないこととなります。したがって，地積が著しく広大であるかどうかの判定は，原則として，周囲の状況に応じて相対的に判断するのが相当であると考えられます。

　ここでは，著しく地積が広大な宅地の判定においては，標準的使用の標準的地積が基本となり，周囲の状況に応じて相対的に判断するとなっ

ている。

　なお，判定する土地の上に建物がある場合においては，「著しく広大であるかどうかの判定」は，「17年情報」において，「当該土地上の建物の有無にかかわらず」として判断することとなっている。

> **1．著しく広大であるかどうかの判定**
> 　（注）　著しく広大であるかどうかの判定は，当該土地上の建物の有無にかかわらず，当該土地の規模により判定することに留意する。

　ここでは，「著しく広大であるかどうかの判定」では，その土地上の建物の有無を考慮せずに更地の状態を前提に判定することとなっているので，土地が有効利用されているかどうかは考慮外となっているはずである。

　いわゆる，現況の建物の利用状況は参考とし，あくまでも最有効使用で判断することである。すなわち，最有効使用における判定は，第三者がその土地を購入する場合に，経済的に最も合理的な土地の利用方法を前提にその土地の利用方法を判断することとなっていることからも，その「現況の建物」を考慮外とする考え方には合理性がある。

　なお，「標準的使用」は，不動産鑑定評価基準からの借用概念である。

　不動産鑑定評価基準でいう「標準的使用」とは，以下のようになっている（総論第6章第1節）。

> **Ⅱ　地域分析の適用**
>
> 1．地域及びその特性
> 　　地域分析に当たって特に重要な地域は，用途的観点から区分される地域（以下「用途的地域」という。），すなわち近隣地域及びその類似地域と，近隣地域及びこれと相関関係にある類似地域を含むより広域

的な地域，すなわち同一需給圏である。
　また，近隣地域の特性は，通常，その地域に属する不動産の一般的な標準的使用に具体的に現れるが，この標準的使用は，利用形態からみた地域相互間の相対的位置関係及び価格形成を明らかにする手掛りとなるとともに，その地域に属する不動産のそれぞれについての最有効使用を判定する有力な標準となるものである。
　なお，不動産の属する地域は固定的なものではなく，地域の特性を形成する地域要因も常に変動するものであることから，地域分析に当たっては，対象不動産に係る市場の特性の把握の結果を踏まえて地域要因及び標準的使用の現状と将来の動向とをあわせて分析し，標準的使用を判定しなければならない。

　ここでの「標準的使用」の概念は，近隣地域の地域分析をする場合，近隣地域の標準的使用を分析することによって近隣地域の地域的特性を把握することができるとされており，地域的特性，すなわち住宅地域なのか商業地域なのか，低層住宅地域なのか中層住宅地域なのかという地域的特性を把握するために近隣地域の標準的使用がポイントとなるとなっているのであって，標準的使用の分析は地域分析の基本となっているだけである。
　また，標準的使用を把握することで最有効使用の判定に有力な標準となるのであるが，必ずしも標準的使用は最有効使用となるものでなく，あくまでも地域分析の判断基準であると解釈している。そのことから，上記の「情報」と同一趣旨である。

(2)　最有効使用とは？

　次に，標準的使用と最有効使用の概念を検討することとする。

4 広大地通達における「標準的使用」と「最有効使用」の概念

まず，標準的使用は，その地域の平均的な土地利用の分析であり，すなわち地域分析のことであり，評価対象地の個別分析ではない。最有効使用の概念は，地域分析ではなく，個別分析であることに留意する必要がある。

不動産鑑定評価基準で確認すると，以下のようになっている（総論第4章）。

> **Ⅳ　最有効使用の原則**
>
> 　不動産の価格は，その不動産の効用が最高度に発揮される可能性に最も富む使用（以下「最有効使用」という。）を前提として把握される価格を標準として形成される。この場合の最有効使用は，現実の社会経済情勢の下で客観的にみて，良識と通常の使用能力を持つ人による合理的かつ合法的な最高最善の使用方法に基づくものである。
> 　なお，ある不動産についての現実の使用方法は，必ずしも最有効使用に基づいているものではなく，不合理な又は個人的な事情による使用方法のために，当該不動産が十分な効用を発揮していない場合があることに留意すべきである。

このように，最有効使用とは，良識と通常の使用能力を持つ人，いわゆるエンドユーザーが考える合理的かつ合法的な最高最善の使用方法をいい，すなわち広大地通達でいう「経済的に最も合理的」な使用方法をいうものである。

また，ある不動産の現実の使用方法は，必ずしも最有効使用に基づいているものではなく，合理的でない場合（土地においては，土地がただである地主による固定資産税の負担軽減のための一時的な賃貸店舗，駐車場等）や，個人的な事情（相続税対策等）による使用方法のために，その不動産が十分な効用を発揮していない場合（売却する場合，買主の立場から賃貸アパートを取り壊す必要がある等）があるので，その不動産の最有

効使用を判定する場合には，現実的な土地利用方法を経済合理性から再検討しなければならないとされている。

したがって，最有効使用とは，評価対象地の角地，不整形等の画地条件，道路が狭い等の街路条件，交通接近条件（その地域の駅から遠い位置にある等），環境条件（隣に墓地がある等），行政的条件（容積率がまたがっている等）の評価対象地の個別分析を踏まえ，評価対象地の経済的に最も合理性のある土地利用を判定することにある。決して，標準的使用を重視するのではなく，参考とするのみである。

なお，不動産鑑定評価基準における「個別的要因」は，以下のようになっている（総論第3章）。

第3節　個別的要因

個別的要因とは，不動産に個別性を生じさせ，その価格を個別的に形成する要因をいう。個別的要因は，土地，建物等の区分に応じて次のように分けられる。

Ⅰ　土地に関する個別的要因
　1．宅地
　　(1)　住宅地
　　　　住宅地の個別的要因の主なものを例示すれば，次のとおりである。
　　　① 地勢，地質，地盤等
　　　② 日照，通風及び乾湿
　　　③ 間口，奥行，地積，形状等
　　　④ 高低，角地その他の接面街路との関係
　　　⑤ 接面街路の幅員，構造等の状態
　　　⑥ 接面街路の系統及び連続性
　　　⑦ 交通施設との距離

4 広大地通達における「標準的使用」と「最有効使用」の概念

⑧　商業施設との接近の程度
⑨　公共施設，公益的施設等との接近の程度
⑩　汚水処理場等の嫌悪施設等との接近の程度
⑪　隣接不動産等周囲の状態
⑫　上下水道，ガス等の供給・処理施設の有無及びその利用の難易
⑬　情報通信基盤の利用の難易
⑭　埋蔵文化財及び地下埋設物の有無並びにその状態
⑮　土壌汚染の有無及びその状態
⑯　公法上及び私法上の規制，制約等

(2) 商業地

商業地の個別的要因の主なものを例示すれば，次のとおりである。

①　地勢，地質，地盤等
②　間口，奥行，地積，形状等
③　高低，角地その他の接面街路との関係
④　接面街路の幅員，構造等の状態
⑤　接面街路の系統及び連続性
⑥　商業地域の中心への接近性
⑦　主要交通機関との接近性
⑧　顧客の流動の状態との適合性
⑨　隣接不動産等周囲の状態
⑩　上下水道，ガス等の供給・処理施設の有無及びその利用の難易
⑪　情報通信基盤の利用の難易
⑫　埋蔵文化財及び地下埋設物の有無並びにその状態
⑬　土壌汚染の有無及びその状態
⑭　公法上及び私法上の規制，制約等

(以下，省略)

また,『平成26年版・土地評価の実務』(大蔵財務協会刊) の中の広大地の評価では,質疑応答の回答として以下の記述がある。

> <質疑> 既にマンションの敷地等に供されている場合(『平成20年版』より)
>
> (問) 父は市街化区域に1,200㎡の宅地を所有しており,その宅地の上に6階建賃貸マンションを所有しています。仮に相続が発生した場合,このマンションの敷地は広大地の評価が可能でしょうか。
>
> (答) 既に開発行為を了している中高層マンション等の敷地用地は,評価基本通達24-4でいう「広大地」には該当しません。
> 　中高層のマンションの敷地の用に供されている宅地など,現に広大な宅地として一体的に最有効利用されている建築物の敷地については,更に開発を行う必要性がありませんから,たとえ標準的な地積に比べて著しく広大な宅地であったとしても原則として評価基本通達でいう「広大地」に該当しません。

ここでいう最有効利用は,最有効使用と同じ概念といわれる。

したがって,「現に宅地として有効利用されている建築物等の敷地」の「有効利用」とは,「一体的に最有効利用されている」,すなわち最有効使用の状態にあるものであって,単に有効利用している敷地,標準的使用と同じ土地利用であっても最有効使用の観点から検討すべきとなっている。

なお,この質疑応答については,同書の『平成20年版』で記述が変更されており,『平成18年版』までは,以下の記述となっていた。

> <質疑> 既にマンションの敷地等に供されている場合(『平成18年版』まで)
>
> (問) 父は市街化区域に1,200㎡の宅地を所有しており,その宅地の上に6階建賃貸マンションを所有しています。仮に相続が発生した場合,このマンションの敷地は広大地の評価が可能でしょうか。

4 広大地通達における「標準的使用」と「最有効使用」の概念

> (答) 既に開発行為を了している中高層マンション等の敷地用地は，評価基本通達24－4でいう「広大地」には該当しません。
> <u>マンション，大規模店舗等の敷地の用に供されている宅地など，現に宅地として有効利用されている</u>建築物の敷地については，更に開発を行う必要性がありませんから，たとえ標準的な地積に比べて著しく広大な宅地であったとしても原則として評価基本通達でいう「広大地」に該当しません。

このように，当初は「現に宅地として有効利用されている」としていた記述を「一体的に最有効利用されている」に変更したということは，最有効使用の判定が重視されていることになっている。

(3) 結　論

以上の検討を踏まえ，広大地判定における「標準的使用」「有効利用」「最有効使用」について考えると次のようになる。

(1) その地域の標準的地積における「標準的使用」は，その地域の標準的地積であれば最有効使用となるが，その地域の標準的地積に比して著しく広大な土地については，その地域の標準的地積の標準的使用は参考となるだけであり，その標準的使用は必ずしも最有効使用とならず，最有効使用を検討して広大地の適否を判定すべきである。

(2) 土地がマンション等に「有効利用」されていても，その土地利用が最有効使用でなければ広大地に該当することになる。有効利用とは，現況の土地の利用状況であり，基本は，前掲の「情報」にあるように建物がないとした場合の最有効使用を前提とすべきである。

(3) 「既に開発を了している」概念も,現況利用を前提としていることから,その現況利用は参考とし,あくまでも第三者が購入することを前提とした最有効使用,すなわち,経済的に最も合理性のある最有効使用の開発行為を前提に判定すべきである。

以上の理論的な統一をしないと,広大地判定において,いろいろな解釈が生じ,実務に混乱が生じる。

最近の重要裁決例

❶-(1) 課税庁の路地状開発は合理性があるとして広大地を否認した裁決例

（平成21年4月6日【東裁(諸)平20－151】TAINZ開示情報）

【裁決の要旨】

　本件土地の所在する地域における標準的な宅地（戸建住宅の敷地）の地積が170㎡ないし220㎡程度であることからすれば，区画割の基準となる面積を125㎡とすべき旨の請求人らの主張には理由がない。

　また，敷地内に道路開設をしない原処分庁の区画割は，請求人らの区画割に比して容積率および建ぺい率の計算上有利なものであることからしても，請求人らの区画割が経済的に合理性を有するとはいえない。

　本件土地については，原処分庁の開発想定図のとおり，路地状敷地を組み合わせた開発が経済的に合理性を有するということができ，経済的に合理性のある戸建住宅用地の分譲を行った場合において，公共公益的施設用地の負担が必要な土地とは認められないから，広大地評価の適用は認められない。

【検　討】

　この裁決例は，本件土地に「経済的に最も合理的な開発を行った場合，公共公益的施設用地の負担が必要かどうか」についての判定である。

　その判定において，「その地域」における「標準的使用」の「標準的地積」が170㎡～220㎡と判断し，請求人らの開発道路を入れた開発想定

❶-⑴ 課税庁の路地状開発は合理性があるとして広大地を否認した裁決例(平成21年4月6日【東裁(諸)平20－151】TAINZ開示情報)

【請求人らが主張する開発想定図】

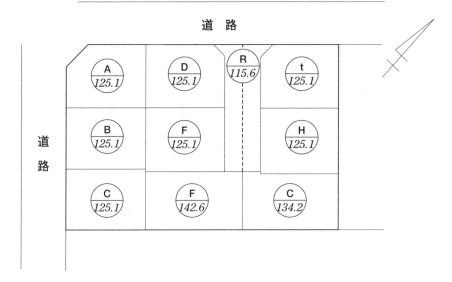

【原処分庁が主張する開発想定図】

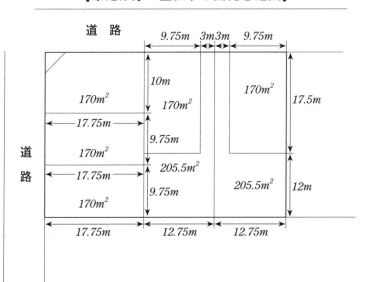

図の１区画の面積が125㎡と小さくなることから経済的合理性に欠いているものと判断された。

　一方，課税庁の路地状開発の開発想定図は，１区画の面積が170㎡～205.5㎡と「標準的地積」の範囲内であることから経済的・合理的であると判断された。

　この裁決例から，開発想定図の区画面積が，「その地域」における「標準的使用」の「標準的地積」の範囲内でなければならないとの経済的合理性の具体的な基準が示された。

　したがって，開発想定図を作成する場合，その１区画の面積を周辺の地価公示地，住宅分譲面積，取引事例等で「標準的地積」を立証することとなる。

❶-(2) 賃貸マンションが建っていても広大地を認容した裁決例
(平成21年4月6日【東裁(諸)平20－151】TAINZ開示情報)

【裁決の要旨】

①本件土地は，低層住宅地における良好な居住の環境を保護する第一種低層住居専用地域に在し，建ぺい率50％，容積率80％であって，建築物の高さ制限は都市計画において第一種高度地区に指定されていることから10m以下であり，②付近の土地の利用状況は，一部に4階建の集合住宅（マンション）が存するものの，大部分は戸建住宅の用に供され，③本件相続開始日前5年程度の近隣での宅地開発状況は戸建住宅となっているものが多く，その中には地積2,000㎡以上の土地が含まれると認められるので，本件土地の周辺地域の標準的使用は戸建住宅の敷地であるということができる。

そして，①本件土地周辺の標準的な戸建住宅の敷地面積は190㎡程度と認められるところ，本件土地の地積（3,355㎡）は，これに比して著しく広大と認められ，また，②本件土地は，接面道路から奥行距離の長い形状と認められ，戸建住宅の敷地として利用する場合には，敷地内の道路開設など公共公益的施設用地を負担する必要が認められるから，本件土地の相続税評価額の計算上，広大地評価の適用を認めるのが相当である。

【検　討】

この裁決例では，本件土地上に4階建の集合住宅（マンション）が建

っていることから，最有効使用の状態にあるとの課税庁の主張を認めず，「標準的使用」は戸建住宅であるとし，その集合住宅（マンション）は建築後35年が経過し，都市計画の変更により再建築ができない状態にあるとして，マンション適地には該当せず，地形が細長いことから開発道路を入れた戸建分譲用地が合理的と判断された。

　ここでは，4階建の集合住宅（マンション）があるので，その利用が最有効使用かどうかが問われた。

　建物が古いこと，都市計画の変更により既存不適格の建物となっていること，地形が細長いこと等の要因から，最有効使用はマンション適地ではないと判断した。そして，用途的に第一種低層住居専用地域（建ぺい率50%，容積率80%）であり，「標準的使用」は戸建住宅用地であるから，最有効使用は戸建住宅分譲用地とした。

　広大地の判定においては最有効使用がポイントとなり，最有効使用の判定は，その土地上の現況利用状況を前提とするのではなく，その土地の地形，公法上の規制，その他の画地条件等の個別的要因を重視し，総合的に勘案して最有効使用を考えるべきであるとの判断である。

❷ 対象地は道路を開設するなどして開発を行うことが最も合理的であるとして広大地を認容した裁決例

(平成23年4月1日公表裁決)

【裁決の要旨】

　原処分庁は，本件土地は，路地状開発によれば容積率および建ぺい率の算定に当たって，路地状部分の地積もその算定の基礎とすることができること，および本件土地の属する地域（本件地域）内には路地状開発の事例が複数見受けられることから，路地状開発により戸建分譲を行うことが経済的に最も合理的な開発方法に当たると認めるのが相当で，開発行為を行うとした場合に公共公益的施設用地の負担の必要は認められないから，財産評価基本通達40－2《広大な市街地農地》に定める広大な市街地農地として評価することはできない旨主張する。

　しかしながら，本件地域内の開発状況を見ると，①本件土地と同規模程度の面積の土地で公共公益的施設用地の負担をしないで開発された事例がないこと，②周辺地域の路地状開発において見られる路地状敷地の数は2ないし4であり，原処分庁主張の開発想定図にある7つもの連続した路地状敷地を配置した開発事例はない。加えて，本件土地の形状，他の道路との接続状況および面積等を総合的に勘案すると，本件土地は道路を開設して開発するのが経済的に最も合理的な開発方法と認められる。

　したがって，本件土地は広大な市街地農地として評価するのが相当である。

【原処分庁が主張する開発想定図】

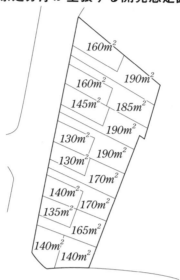

【納税者が主張する開発想定図】

❷ 対象地は道路を開設するなどして開発を行うことが最も合理的
であるとして広大地を認容した裁決例（平成23年4月1日公表裁決）

【審判所が認定する開発想定図】

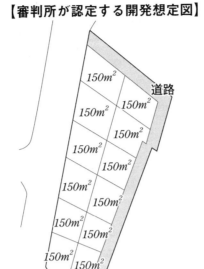

【検　討】

　この裁決例については，2,000㎡を超える土地について周辺では同規模の路地状開発がないことから広大地が認められたものである。

　広大地を考える場合，規模も重要となる判定基準であり，原則として，標準的使用が戸建住宅の場合は，1,000㎡を超えると開発道路を入れる開発行為が前提である。

　実務的には，500㎡～1,000㎡の土地が多く，路地状開発が可能かどうかの判断が難しい。

❸ マンション敷地として開発を了している土地であるとして広大地を否認した裁決例 （平成23年4月21日公表裁決）

【裁決の要旨】

　請求人らは，相続により取得した各土地（本件各土地）は賃貸マンションの敷地となっているところ，地価公示法によれば賃貸マンションを建築することが地域の標準的使用とはなり得ないこと，および本件各土地が所在する地域の近傍地域が一群の戸建住宅分譲用地へと移行しつつあることからすると，本件各土地は「現に宅地として有効利用されている建築物等の敷地」には該当しないなどと主張して，本件各土地は財産評価基本通達24－4《広大地の評価》（広大地通達）に定める広大地に該当する旨主張する。

　しかしながら，広大地通達の趣旨に照らすと，評価対象宅地につき，評価時点における当該宅地の属する地域の標準的使用に照らして，当該宅地を分割することなく一体として使用することが最有効使用であると認められる場合には，広大地に該当しないと解するのが相当であり，既に開発行為を了しているマンションなどの敷地や現に宅地として有効利用されている建築物の敷地用地などについては，特段の事情がない限り，広大地には該当しないものと解せられるところ，本件各土地は，既に開発行為を了した共同住宅の敷地として使用されており，本件各土地について，近い将来において新たな開発行為を行うべき事情も認められない上，本件各土地の存する地域においては，戸建住宅用地，共同住宅用地，法人等事業用地，倉庫・車庫・工場用地の各用途のいずれもが標

❸ マンション敷地として開発を了している土地であるとして
　広大地を否認した裁決例（平成23年4月21日公表裁決）

準的な使用形態であると認められることからすると，本件各土地は既に開発行為を了した共同住宅の敷地として，その周辺地域の標準的な使用状況に照らして有効に利用されているものと認められる。

したがって，本件各土地は広大地には該当しないものと認めるのが相当である。

【検　討】

審判所の判断では，「既に開発行為を了しているマンションなどの敷地や現に宅地として有効利用されている建築物の敷地用地などについては，特段の事情がない限り，広大地には該当しない」との判示である。

整理してみると，①「既に開発を了している」土地，②「有効利用されている」土地，③「標準的使用」の形態にある土地は，広大地に該当しないとの指摘である。

しかし，①「既に開発を了している」土地，②「有効利用されている」土地については，原則は，土地上に建物がある場合においても，最有効使用を検討すべきであるのに対して，審判所は検討していない。

前述したように，大蔵財務協会発行の『平成26年版・土地評価の実務』（藤原忠文編）の広大地の評価では，質疑応答の回答として以下の記述がある。

＜質疑＞　既にマンションの敷地等に供されている場合（『平成20年版』より）

（問）　父は市街化区域に1,200㎡の宅地を所有しており，その宅地の上に6階建賃貸マンションを所有しています。仮に相続が発生した場合，このマンションの敷地は広大地の評価が可能でしょうか。

（答）　既に開発行為を了している中高層マンション等の敷地用地は，評価基本通達24－4でいう「広大地」には該当しません。

> 中高層のマンションの敷地の用に供されている宅地など，現に広大な宅地として一体的に最有効利用されている建築物の敷地については，更に開発を行う必要性がありませんから，たとえ標準的な地積に比べて著しく広大な宅地であったとしても原則として評価基本通達でいう「広大地」に該当しません。（下線・筆者。以下，同じ）

　ここでいう最有効利用は，最有効使用と同じ概念といわれる。

　したがって，「現に宅地として有効利用されている建築物等の敷地」の「有効利用」とは，「一体的に最有効利用されている」，すなわち最有効使用の状態にあるものであって，単に有効利用している敷地，標準的使用と同じ土地利用であっても最有効使用の観点から検討すべきとなっている。

　なお，前掲のように，この質疑応答については，同書の『平成20年版』で記述が変更されており，『平成18年版』までは，以下の記述となっていた。

> ＜質疑＞　既にマンションの敷地等に供されている場合（『平成18年版』まで）
> （問）　父は市街化区域に1,200㎡の宅地を所有しており，その宅地の上に6階建賃貸マンションを所有しています。仮に相続が発生した場合，このマンションの敷地は広大地の評価が可能でしょうか。
> （答）　既に開発行為を了している中高層マンション等の敷地用地は，評価基本通達24－4でいう「広大地」には該当しません。
> 　マンション，大規模店舗等の敷地の用に供されている宅地など，現に宅地として有効利用されている建築物の敷地については，更に開発を行う必要性がありませんから，たとえ標準的な地積に比べて著しく広大な宅地であったとしても原則として評価基本通達でいう「広大地」に該当しません。

❸ マンション敷地として開発を了している土地であるとして広大地を否認した裁決例（平成23年4月21日公表裁決）

このように，当初は「現に宅地として有効利用されている」としていた記述を「一体的に最有効利用されている」に変更したということは重視するべきであり，最有効使用の判定が広大地の判定ポイントとなった。

したがって，最有効使用を検討すべきであり，地域要因である標準的使用をもって最有効使用であるという判定はいかがなものかと思われる。

❹ 路地状開発の1区画の面積が過大であるとして路地状開発を否認し，広大地を認容した裁決例

（平成23年5月9日公表裁決）

【裁決の要旨】

　原処分庁は，本件土地が属する財産評価基本通達24−4《広大地の評価》（広大地通達）に定める「その地域」（本件地域）の標準的な宅地の地積に基づき区画割をすると，本件土地は4区画に分割して路地状開発をすることが可能であること，路地状開発を行うとした場合は，路地状部分の土地は通路に限らず駐車場として利用でき，建ぺい率・容積率の算定上，道路を開設するよりも有利な点があること，また，本件地域に路地状開発の事例もあることから，路地状開発が経済的に最も合理的な開発であるとして，本件土地は広大地通達に定める広大地に当たらない旨主張する。

　しかしながら，原処分庁の主張する本件地域の標準的な宅地の地積の算定は誤っており，正しい地積に基づき区画割をすると，本件土地は4区画または5区画に分割して開発するのが経済的に合理的であると認められる。

　また，本件地域においては，路地状開発による事例もみられるものの，当該事例は道路の開設による開発がもとより困難な土地であり，本件土地とは条件を異にする。

　他方，本件地域において本件土地と地積，形状および公道との接続状況および面積等ならびに本件地域における近年の土地の開発状況等から

❹ 路地状開発の１区画の面積が過大であるとして路地状開発を否認し，広大地を認容した裁決例（平成23年５月９日公表裁決）

【原処分庁が主張する開発想定図】

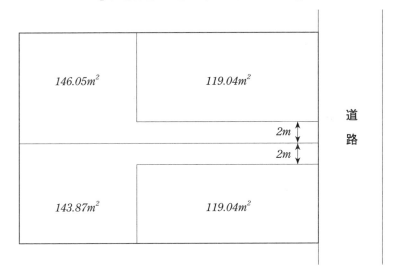

【納税者が主張する開発想定図】──(1)

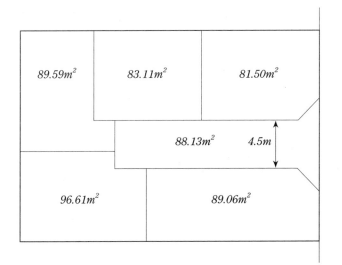

【納税者が主張する開発想定図】——(2)

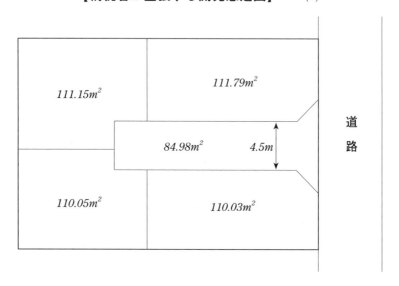

すれば、本件土地については、道路を開設して戸建住宅の敷地として分譲開発するのが経済的に最も合理的な開発方法であると認められる。

【検　討】

　この裁決例は、「その地域」の「標準的使用」は戸建住宅であり、「標準的地積」は90㎡〜120㎡と判定し、課税庁の区画について120㎡を超える区画があるので、経済的合理性がないとして、納税者の開発想定図に合理性があるとして広大地が認められたものである。

　広大地の経済的合理性を考える場合、路地状開発においても「標準的地積」がポイントになるという具体的な判断基準が示された貴重な裁決例である。

❺ マンション敷地として開発を了している土地であるとして広大地を否認した裁決例　（平成23年9月5日公表裁決）

【裁決の要旨】

　請求人は，①本件土地は，その地域における標準的な宅地の地積に比して著しく広大で，本件における経済的に最も合理的な開発行為である戸建分譲開発を行うとした場合には，公共公益的施設用地の負担が必要であること，②路線価方式による土地の評価は，更地として評価することを前提としており，公共公益的施設用地の負担の要否は，開発行為を行うとした場合に負担を要するか否かで判断すべきであり，本件土地の現状が賃貸マンションの敷地の用に供されていることのみをもって，財産評価基本通達24－4《広大地の評価》（広大地通達）の定めの適用を排除すべきではないことから，本件土地は同通達に定める広大地に該当する旨主張する。

　しかしながら，既に開発行為を了しているマンションなどの敷地用地や，評価時点において宅地として有効利用されている建築物の敷地用地については，標準的な地積に比して著しく広大であっても，特段の事情のない限り，広大地通達に定める広大地に該当しないと解されるところ，本件土地の場合，開発行為を了した上，マンションの敷地として使用されており，近い将来において新たな開発行為を行うべき事情も認められず，本件土地の属する地域（本件地域）は，戸建住宅とマンションの混在する地域であって，これらの用途のいずれもが本件地域における標準的な利用形態と認められることからすれば，本件土地は，その周辺

地域の標準的な利用状況に照らしても，マンション用地として有効に利用されていると認められる。

　したがって，本件土地について開発行為を行うとした場合における公共公益的施設用地の負担の要否について検討するまでもなく，本件土地は広大地通達にいう広大地には該当しない。

【検　討】

　この裁決例は，❷の裁決例と同様である。

　判示は，「既に開発行為を了しているマンションなどの敷地用地や評価時点において宅地として有効利用されている建築物の敷地用地については，標準的な地積に比して著しく広大であっても，特段の事情のない限り，広大地通達に定める広大地に該当しない」となっている。

　単に有効利用を前提に判断することは，最有効使用を検討していないことであり，疑問に感じる。

❻ 位置指定道路があり、開発道路の必要性なしとして広大地を否認した裁決例 （平成23年12月6日公表裁決）

【裁決の要旨】

　請求人は、本件土地において開発行為を行うとした場合に、本件土地に接面する位置指定道路を拡幅する必要があり、当該拡幅のための用地提供は公共公益的施設用地の提供と同じであるので、本件土地は、財産評価基本通達（評価通達）24-4《広大地の評価》（広大地通達）に定める広大地に該当する旨主張する。

　しかしながら、広大地通達を定めた趣旨は、開発行為により当該開発区域内に道路や公園等の公共公益的施設用地の開設が必要な場合には、相当規模の潰れ地が生じることになり、評価通達15《奥行価格補正》から20-5《容積率の異なる2以上の地域にわたる宅地の評価》までに定める減額補正では十分とはいえないので、相当規模の潰れ地が生じることを当該宅地の価額に影響を及ぼすべき客観的な個別事情として減額補正することとしたものであるところ、請求人が主張する位置指定道路に係る拡幅部分の提供は、開発区域内に新たな道路を提供する場合とは異なり、評価通達15から20-5までに定める減額補正では十分とはいえないほどの規模の潰れ地が生じたとは認められず、公共公益的施設用地を負担したものとみることはできない。したがって、本件土地は広大地通達に定める広大地には該当しない。

【地形図】

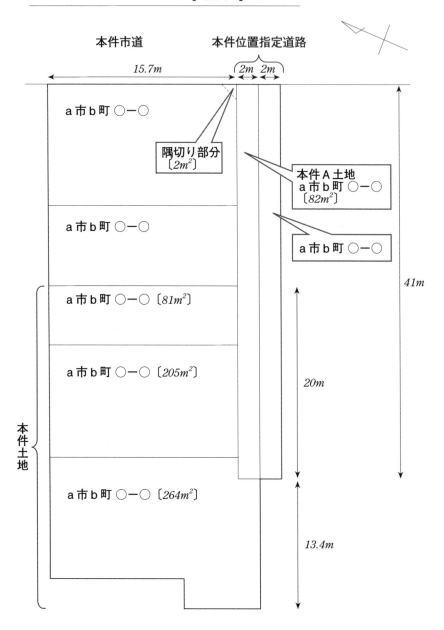

❻ 位置指定道路があり，開発道路の必要性なしとして広大地を否認した裁決例（平成23年12月6日公表裁決）

【検　討】

　この裁決例は，位置指定道路に面する広大地である。位置指定道路が現存し，その道路を利用して開発行為ができることから，その位置指定道路を無視して開発行為をすることは経済的合理性に反し，妥当な判断と思われる。

　広大地の判定については，既存の建築基準法の道路がある場合，その道路を前提に開発行為を考えるべきである。

❼ 対象地は国道に面しており，標準的使用は1,000㎡の低層の店舗用地であるとして広大地を否認した裁決例

（平成23年12月6日公表裁決）

【裁決の要旨】

　請求人は，本件土地を戸建住宅の敷地として分譲開発した場合に開発道路の設置という公共公益的施設用地の負担が必要であるから，本件土地が財産評価基本通達24－4《広大地の評価》（広大地通達）に定める広大地に該当する旨主張する。

　しかしながら，本件土地は，その所在する地域における標準的な宅地の地積に比して著しく地積が広大であるとは認められない。

　仮に，本件土地の地積が著しく広大であるとしても，①本件土地を低層店舗等の敷地として区画割する場合に公共公益的施設用地の負担が必要であるとは認められず，また，②本件土地を戸建住宅の敷地として分譲開発したとしても，公共公益的施設用地の負担が必要ではない路地状開発による区画割の方が，開発道路を設置する区画割に比べて経済的に合理的であると認められる。

　したがって，本件土地は広大地通達に定める広大地には該当しない。

❼　対象地は国道に面しており，標準的使用は1,000㎡の低層の店舗用地であるとして広大地を否認した裁決例(平成23年12月6日公表裁決)

【地形図】

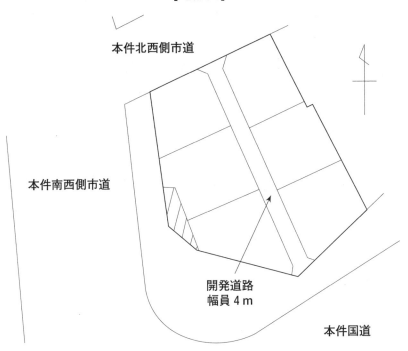

【検　討】

　この裁決例は，国道に面する広大地である。国道沿いの「標準的使用」と「標準的地積」は，1,000㎡以上の低層店舗用地であると判断された。この判断は妥当と思われる。
　やはり，まず「その地域」における「標準的使用」と「標準的地積」の判定が入口論であり，そこで「著しく広大」でなければ，その段階で広大地に該当しないこととなる。

❽ マンション敷地として開発を了している土地であるとして広大地を否認した裁決例 （平成24年7月4日公表裁決）

【裁決の要旨】

　請求人は，本件土地が財産評価基本通達24－4《広大地の評価》（広大地通達）の適用がないとされる，いわゆるマンション適地等に当たるか否かについて，①本件土地の周辺地域の状況は戸建住宅とマンションが混在している地域であること，②専門家が，本件土地はマンションの敷地よりも戸建住宅の敷地に適しているとの意見を述べていることなどからすると，本件土地はマンション適地等に該当しない旨主張する。

　しかしながら，マンション適地等であると認められる場合とは，広大地通達に定める「その地域」におけるマンション等の建築の状況，用途地域，建ぺい率・容積率や地方公共団体の開発規制，また，交通・教育・医療等の公的施設や商業地への接近性等から判断して，評価対象地をマンション等の敷地とすることが経済的に最も合理的であると認められる場合を指すと解するのが相当であるところ，①本件土地の存する「その地域」は，マンション等の建築に係る規制が厳しくない地域であること，②本件土地は公共施設および商業施設との接近性に優れていること，③「その地域」には複数のマンションが存すること，④「その地域」において，本件相続開始前10年間における500㎡以上の土地に係る建物の建築事例は2件あり，いずれもマンションの建築事例であること，⑤本件相続開始日後，現に本件土地上にマンションが建築されていることからすると，本件土地は明らかにマンション適地等に該当するも

❽ マンション敷地として開発を了している土地であるとして広大地を否認した裁決例（平成24年7月4日公表裁決）

【本件各土地の近似整形地】

（評価通達15に定める奥行価格補正率の適用に用いるもの）

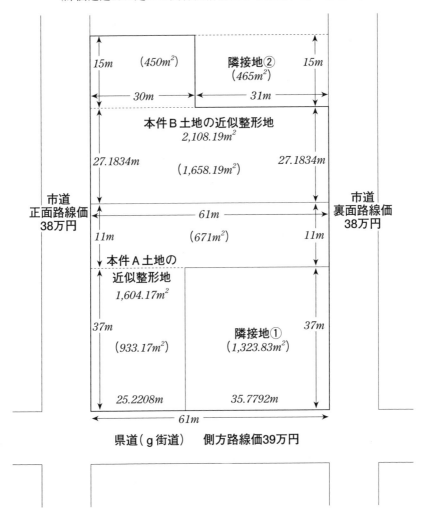

のと認められる。

【検　討】

　本件Ａ土地，本件Ｂ土地とも，規模が2,000㎡前後と大きく，Ｌ字型の地形であるので，マンションを建築しても容積率200％を十分に使えない土地である。

　判示では，マンション適地の判断として，「マンション適地等であると認められる場合とは，本件通達に定める「その地域」におけるマンション等の建築の状況，用途地域・建ぺい率・容積率や地方公共団体の開発規制，また，交通，教育，医療等の公的施設や商業地への接近性等から判断して，評価対象地をマンション等の敷地とすることが経済的に最も合理的であると認められる場合を指すと解する」として，「経済的に最も合理的」すなわち最有効使用の観点から判定するとしているのにもかかわらず，「①本件土地の存する「その地域」は，マンション等の建築に係る規制が厳しくない地域であること，②本件土地は公共施設および商業施設との接近性に優れていること，③「その地域」には複数のマンションが存すること，④「その地域」において，本件相続開始前10年間における500㎡以上の土地に係る建物の建築事例は2件あり，いずれもマンションの建築事例であること，⑤本件相続開始日後，現に本件土地上にマンションが建築されていることからすると，本件土地は明らかにマンション適地等に該当するものと認められる。」と，その土地の周辺の地域環境を前提に判断するのみであり，最有効使用の判断がなされていない。

　このように，周辺の環境要因に重点を置き，それのみをもってマンション適地と判断する事例が多い。

　なお，この案件について，不動産鑑定士が意見書を提出している。

　その判示として，「大手の開発業者に所属し多数の土地開発事例を熟知している不動産鑑定士が，別紙の不動産調査書のとおり，本件各土地

❽ マンション敷地として開発を了している土地であるとして広大地を否認した裁決例（平成24年7月4日公表裁決）

について戸建住宅の建築分譲及びマンションの建築分譲を想定し，それぞれの開発法による価格（開発主体の投資採算性に着目した価格）を査定した結果，本件各土地はいずれも戸建住宅用地に適していると意見しており，また，上記不動産調査書において想定されたマンションの容積率は，本件A土地に係るもので138.23％，本件B土地に係るもので167.11％と，指定容積率200％を大きく下回るから，本件各土地はマンション適地等とは認められない。」旨主張する。

しかしながら，上記の不動産調査書によると，「本件各土地について，それぞれ戸建住宅の建築分譲およびマンションの建築分譲を想定して開発法により求めた価格は，いずれも戸建住宅の建築分譲を想定した価格がマンションの建築分譲を想定した価格を上回っているところ，上記の不動産調査書は，両者の開発法による価格の査定に当たり，戸建住宅の建築分譲を想定する場合には，販売費及び一般管理費を分譲収入の8％とし，分譲収入等を価格時点の現在価値に割り引く投下資本収益率を10％とする一方，マンションの建築分譲を想定する場合には，販売費及び一般管理費を分譲収入の12％とし，投下資本収益率を15％としており，両者の間にこのような差異を設けることについて何ら理由が示されていないばかりか，その合理性を裏付ける事情も見当たらないから，戸建住宅の建築分譲を想定した価格がマンションの建築分譲を想定した価格を上回る旨の上記の不動産調査書の結論そのものの合理性を確認することはできないのであり，かかる上記の不動産調査書を根拠として本件各土地をマンション適地等ではないと認めることはできない。」と，その意見書を否定している。

この案件のように，不動産鑑定士が意見書を提出する例が多いが，その内容について理論的に整合性がないと棄却されるので，注意をしたいものだ。

❾ 路地の長さが不合理であるとして路地状開発を否認し広大地を認容した裁決例 （平成24年8月28日公表裁決）

【裁決の要旨】

　原処分庁は，相続財産である本件土地の評価に当たり，財産評価基本通達24－4《広大地の評価》（広大地通達）に定める「その地域」は甲地域であり，甲地域の標準的な宅地の地積に基づき区画割をすると路地状開発をすることが可能であること，また，甲地域内における路地状開発の事例は数多く存在し，一般的に行われていることなどから，本件土地については，路地状開発が経済的に最も合理的であり，公共公益的施設用地の負担の必要はなく，広大地通達に定める広大地に該当しない旨主張する。

　しかしながら，広大地通達に定める「その地域」は，本件土地と使用状況の連続性，地域の一体性が認められる丙地域と認めるのが相当であり，また，丙地域内においては，道路開設による開発事例と路地状開発事例とが存するものの，本件土地はいずれの事例の画地とも条件を異にするところ，丙地域は，将来，甲地域と同様な街並みになることが予想されることから，甲地域における開発事例をみてみると，本件土地と類似する土地での路地状開発の事例はないことに加えて，本件土地において路地状開発を行うとする場合には，原処分庁主張の開発想定図にある開発を行うことが想定されるが，その想定される路地の長さを有する開発事例もないことからすると，本件土地については，道路開設による開発を行うのが経済的に最も合理的な開発であると認められる。

❾ 路地の長さが不合理であるとして路地状開発を否認し広大地を認容した裁決例（平成24年8月28日公表裁決）

【原処分庁が主張する開発想定図】

【審判所認定の開発想定図】

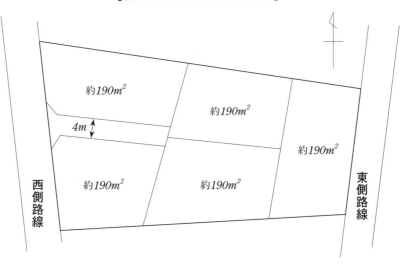

したがって，本件土地は，公共公益的施設用地の負担の必要があるものであり，広大地通達に定める広大地として評価するのが相当である。

【検　討】

この裁決例については，路地の長さを問題とした事例である。

原処分庁が主張する開発想定図にある開発を行うことが想定されるところ，この場合の路地の長さは20m程度必要となるが，そのような長さの路地がある路地状開発の事例が周辺にないことから，その開発想定図は経済的合理性がないとして，本件土地については，道路開設による開発をするのが経済的に最も合理的であると判断された。

この事例のように路地の長さが周辺の路地状開発地の状況から判断して，あまりに長いと経済的合理性がないとの具体的な基準が出たことに，この裁決例の意義がある。

広大地の税務評価事例

事例＊1

中間画地で広大な整形地

評価対象地の概要

● 画地条件

間　口	42m
奥　行	50m
地　積	2,100㎡
用途地域	第一種中高層住居専用地域
建ぺい率	60%
容積率	200%
最寄駅距離	1.5km
地　形	中間地
現況利用	自宅用地

● 環境条件

周辺地域は100㎡～200㎡の敷地に低層戸建住宅が建ち並び，一部には中規模の共同住宅（マンション）もあり，畑，駐車場，空き地等が散見される住宅地域である。

街区は比較的整然としており，大通りから奥に入った地域で，良好な住環境を形成している。

事例＊1 中間画地で広大な整形地

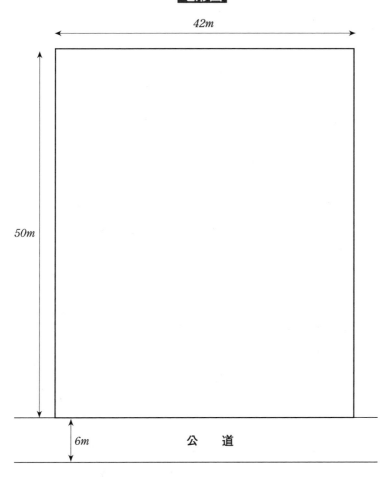

検 討──広大地判定表

	チェック項目	判定	備考
①	マンション適地基準	×	容積率 最寄駅距離 周辺環境
②	面積基準	○	標準的規模100㎡〜200㎡ （地価公示地等参照） 市街化区域500㎡以上
③	開発了基準	×	開発未了（自宅用地）
④	潰れ地基準	○	可　能
⑤	最有効使用基準	○	戸建分譲地
	広大地判定	◎	広大地該当

評価対象地が著しく広大であるかどうかは，周辺地域の土地の利用状況に応じて判断される。

本件土地は2,000㎡を超える規模であり，周辺地域の画地規模は100㎡〜200㎡であることから，明らかに周辺地域の土地に比して広大な土地といえる。

また，接道面の間口が広く，奥行がそれほどない土地にも該当しないため，都市計画法第4条第12項に規定する開発行為（注1）を行うとした場合，公共公益的施設用地（注2）の負担が必要であることは明らかである。

評価対象地の最有効使用は戸建分譲地であると判定し，開発想定図を次ページのように判断した。

事例＊1　中間画地で広大な整形地　85

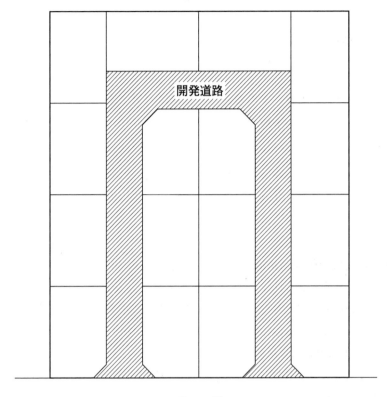

(注1)「**開発行為**」とは，主として建築物の建築または特定工作物の建設の用に供する目的で行う土地の区画形質の変更をいう（都市計画法第4条第12項）。

(注2)「**公共公益的施設用地**」とは，「都市計画法第4条第14項に規定する道路，公園等の公共施設の用に供される土地及び都市計画法施行令第27条に掲げる教育施設，医療施設等の公益的施設の用に供される土地（その他これらに準ずる施設で，開発行為の許可を受けるため

に必要とされる施設の用に供される土地を含む。）をいう。」（財産評価基本通達24－4《広大地の評価》注書1）と定められている。

> 判定メモ

都市計画法第9条によって，都市計画区域においては，用途地域が決められている。現在，下掲の通り，12種類の用途地域があり，将来のまちづくりの方向性や土地利用の現況・動向をもとに，都市を住宅地，商業地，工業地などの種類に区分し，それぞれの地域にふさわしい建築物の建築を用途や建ぺい率，容積率などにより，規制・誘導している。したがって，この規定は，マンション適地，標準的規模等の判定にあたって基本となるものである。

1. 第一種低層住居専用地域
    低層住宅に係る良好な住居の環境を保護するため定める地域。低層住宅のための地域であり，小規模な店舗や事務所を兼ねた住宅や小中学校などが建てられることとなっている。
2. 第二種低層住居専用地域
    主として低層住宅に係る良好な住居の環境を保護するため定める地域。主に低層住宅のための地域であり，小中学校などのほか，150㎡までの一定の店舗などが建てられることとなっている。
3. 第一種中高層住居専用地域
    中高層住宅に係る良好な住居の環境を保護するため定める地域。中高層住宅の良好な環境を守るための地域であり，病院，大学，500㎡までの一定の店舗などが建てられることとなっている。
4. 第二種中高層住居専用地域
    主として中高層住宅に係る良好な住居の環境を保護するため定める地域。主に中高層住宅のための地域であり，病院，大学などのほか，1,500㎡までの一定の店舗や事務所などの必要な利便施設が建てられる

こととなっている。

5. 第一種住居地域

住居の環境を保護するため定める地域。3,000㎡までの店舗，事務所，ホテルなどは建てられることとなっている。

6. 第二種住居地域

道路の沿道として住居の環境を保護するため定める地域。主に住居の環境を守るための地域であり，店舗，事務所，ホテル，パチンコ店，カラオケボックスなどは建てられることとなっている。

7. 準住居地域

道路の沿道としての地域の特性にふさわしい業務の利便の増進を図りつつ，これと調和した住居の環境を保護するため定める地域。自動車販売施設，飲食店舗等の沿道サービス施設が建てられることとなっている。

8. 近隣商業地域

近隣の住民に対する日用品の供給を行うことを主たる内容とする商業その他の業務の利便を増進するため定める地域。住宅の店舗のほかに小規模の工場も建てられることとなっている。

9. 商業地域

主として商業その他の業務の利便を増進するため定める地域。銀行，映画館，飲食店，百貨店などが集中する地域である。

10. 準工業地域

主として環境の悪化をもたらすおそれのない工業の利便を増進するため定める地域であり，主に軽工業の工場やサービス施設等が立地する地域。危険性，環境悪化が大きい工場以外は，ほとんど建てられることとなっている。

11. 工業地域

主として工業の利便を増進するため定める地域であり，どんな工場でも建てられる地域。なお，住宅や店舗は建てられるが，学校，病院，ホテルなどは建てられないこととなっている。

12. 工業専用地域

　工業の利便を増進するため定める地域。どんな工場でも建てられるが，住宅，店舗，学校，病院，ホテルなどは建てられないこととなっている。

なお，都市計画法では，用途地域以外に次のような特別用途地域が定められていることに注意する必要がある。

1. 特別用途地区

　用途地域内の一定の地区における当該地区の特性にふさわしい土地利用の増進，環境の保護等の特別の目的の実現を図るため当該用途地域の指定を補完して定める地区。

2. 特定用途制限地域

　用途地域が定められていない土地の区域（市街化調整区域を除く）内において，その良好な環境の形成または保持のために当該地域の特性に応じて合理的な土地利用が行われるよう，制限すべき特定の建築物等の用途の概要を定める地域。

3. 特例容積率適用地区

　第一種中高層住居専用地域，第二種中高層住居専用地域，第一種住居地域，第二種住居地域，準住居地域，近隣商業地域，商業地域，準工業地域または工業地域内の適正な配置および規模の公共施設を備えた土地の区域において，建築基準法第52条第1項から第9項までの規定による建築物の容積率の限度からみて未利用となっている建築物の容積の活用を促進して土地の高度利用を図るため定める地区。

4. 高層住居誘導地区

　住居と住居以外の用途とを適正に配分し，利便性の高い高層住宅の建設を誘導するため，第一種住居地域，第二種住居地域，準住居地域，近隣商業地域または準工業地域でこれらの地域に関する都市計画において

建築基準法第52条第1項第2号に規定する建築物の容積率が10分の40または10分の50と定められたものの内において，建築物の容積率の最高限度，建築物の建ぺい率の最高限度および建築物の敷地面積の最低限度を定める地区。

5. 高度地区

用途地域内において市街地の環境を維持し，または土地利用の増進を図るため，建築物の高さの最高限度または最低限度を定める地区。

6. 高度利用地区

用途地域内の市街地における土地の合理的かつ健全な高度利用と都市機能の更新とを図るため，建築物の容積率の最高限度および最低限度，建築物の建ぺい率の最高限度，建築物の建築面積の最低限度ならびに壁面の位置の制限を定める地区。

事例*2

奥行が長い帯状地

評価対象地の概要

● 画地条件

間　口	16m
奥　行	70m
地　積	1,120㎡
用途地域	第一種低層住居専用地域
建ぺい率	40%
容積率	80%
最寄駅距離	1.0km
地　形	中間地
現況利用	畑

● 環境条件

周辺地域は100㎡〜200㎡の敷地に低層戸建住宅が建ち並ぶ住宅地域であり，一部には木造アパート，駐車場等が雑然と混在している。

事例＊2 奥行が長い帯状地

地形図

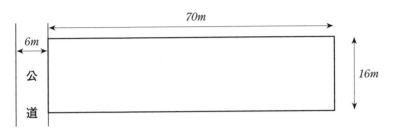

地　積：1,120m²
用　途：第一種低層住居専用地域
建ぺい率：40%
容積率：80%

検　討──広大地判定表

	チェック項目	判　定	備　考
①	マンション適地基準	×	容積率 最寄駅距離 周辺環境
②	面積基準	○	標準的規模100㎡〜200㎡ （地価公示地等参照） 市街化区域500㎡以上
③	開発了基準	×	開発未了（畑）
④	潰れ地基準	○	可　能
⑤	最有効使用基準	○	戸建分譲地
	広大地判定	◎	広大地該当

開発想定図

本事例の場合，間口16m，奥行70mと帯状地となっている土地であるため，開発道路を設置する場合には，片隅切り道路にせざるをえない。

ただし，行政区域によっては片隅切りによる道路開発を認めていない地域もあるので，注意が必要となる。

したがって，広大地の判定にあたっては，評価対象地が周辺地域の地積に比して著しく広大で，公共公益的施設用地の負担が発生しそうな土地の場合であっても，念のために自治体の開発指導要綱等を入手し，これに則った開発想定図を作成し検討する必要がある。

なお，本件土地は建ぺい率40％，容積率80％といずれも小さく，十分な建物が建てられなくなるので，敷地面積は100㎡以上取る必要がある。したがって，開発想定図の作成においては，建物建築の観点から画地面積を考慮し，現実的な区画割りを前提とする必要がある。

開発指導面積が1区画80㎡以上と規制されていたとしても，現実の地形によっては建物の建築が難しい場合があるので，形式面だけでなく，実質的な検討も必要である。

特に，市街化区域においては，窓先空地が重要となるので，地形によっては，単純に建物が建てられない場合があることに注意を要する。

判定メモ

窓先空地とは，アパート等の共同住宅または一般住宅を建築する場合，火災時の避難を容易にするために，共同住宅または一般住宅の敷地のうち，1階の住戸の窓に直面する敷地部分において，幅員数mの空地を設け，その空地を避難経路として利用できるようにしたものである（「空地」とは，建築物が建てられていない土地という意味である）。

なお，この窓先空地は，東京都や横浜市などの一部の自治体でのみ実施されている制度である。

その根拠法令は，建築基準法第40条と，同条にもとづいて地方自治体が独自に制定する条例である（この条例の名称は，「建築安全条例」や「建築基準条例」など，自治体により異なる）。

もっとも厳しい窓先空地制度を実施している東京都では，およそ次のようなルールを設けており，このルールを満たさない共同住宅は建築確認を取得することができない（東京都建築安全条例第19条より要約）。

共同住宅の住戸または一般住宅には，住戸の床面積の合計に応じて，次の数値以上の幅員を持つ「窓先空地」に直接面するような窓を設けなければならない。

(1) 非耐火建築物の場合
 ① 200㎡以下のもの：窓先空地の幅員が1.5m
 ② 200㎡超600㎡以下のもの：窓先空地の幅員が2m
 ③ 600㎡超1,000㎡以下のもの：窓先空地の幅員が3m
 ④ 1,000㎡超のもの：窓先空地の幅員が4m
(2) 耐火建築物の場合
 上記(1)の2倍

したがって，安易に評価対象地を区切っても，住宅を建築する場合，窓先空地確保の規制から，地形によっては，満足する住宅が建てられない場合があるので，単純に開発指導要綱の最低住宅面積で分割できない場合があることに注意を要する。

事例＊3

奥行が十分ある
やや不整形な中間画地

評価対象地の概要

● 画地条件

間　口	21m
奥　行	48m
地　積	1,400㎡
用途地域	第一種中高層住居専用地域
建ぺい率	60%
容積率	200%
最寄駅距離	1.0km
地　形	中間地
現況利用	自宅用地

● 環境条件

周辺地域は100㎡～200㎡の敷地に低層戸建住宅や木造アパートが建ち並ぶ住宅地域であり，街区が整然としているやや閑静な古くからの既成住宅地である。

地形図

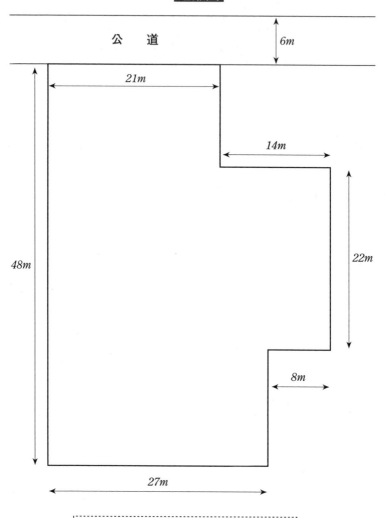

地　積：1,400m²
用　途：第一種中高層住居専用地域
建ぺい率：60%
容 積 率：200%

事例＊3 奥行が十分あるやや不整形な中間画地

検　討──広大地判定表

	チェック項目	判　定	備　　　考
①	マンション適地基準	×	容積率 最寄駅距離 周辺環境
②	面積基準	○	標準的規模100㎡〜200㎡ （地価公示地等参照） 市街化区域500㎡以上
③	開発了基準	×	開発未了（自宅用地）
④	潰れ地基準	○	可　能
⑤	最有効使用基準	○	戸建分譲地
	広大地判定	◎	広大地該当

　本件土地は不整形であるため，開発道路を設置しても一部旗竿地の発生は避けられそうにない。地域によっては，敷地延長での土地販売がほとんど見受けられない地域や，逆に開発道路の開設を極端に嫌う地域もあるので，開発想定図の作成にあたっては，区画割りの画地規模，画地形状等に基づく需要についても調査し，判定をすることが必要となる。

　したがって，開発想定図の作成にあたっては，周辺地域（鑑定評価では，「近隣地域又は同一需給圏内の類似地域等」という）内における地域動向，分譲事例，取引事例を収集して十分な実需が見込める開発想定図を検討しなければならない。また，場合によっては，複数パターンの開発想定図を作成し，それぞれの開発計画について，造成後の宅地としての有効利用度，分譲価格総額の比較，評価対象地の造成の難易およびその程度等を検討することも必要となる。

開発想定図

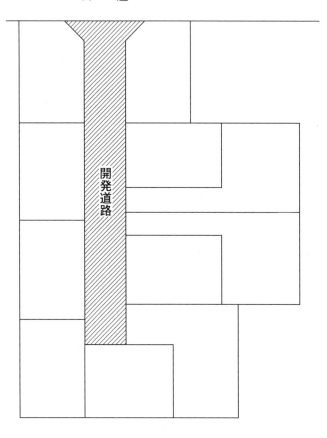

事例＊4

四方路に面する広大な土地

評価対象地の概要

● 画地条件

間　口	45m
奥　行	45m
地　積	2,025㎡
用途地域	第一種低層住居専用地域
建ぺい率	50%
容積率	100%
最寄駅距離	2.0km
地　形	四方路地
現況利用	畑

● 環境条件

周辺地域は100㎡〜200㎡の敷地に街区が整然と区画整理された郊外の新興住宅地であり，低層戸建住宅を中心に，木造アパート，畑，駐車場等が混在している住宅地域となっている。

地形図

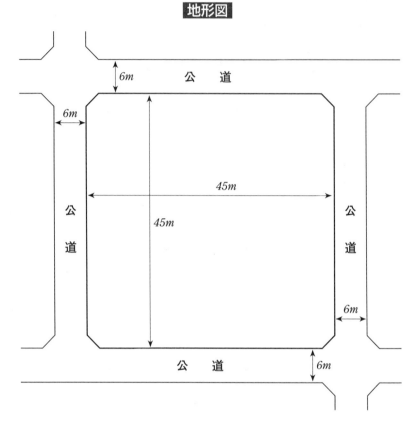

地　　積：2,025m²
用　　途：第一種低層住居専用地域
建ぺい率：50%
容 積 率：100%

事例＊4 四方路に面する広大な土地

検 討──広大地判定表

	チェック項目	判 定	備　　考
①	マンション適地基準	×	容積率 最寄駅距離 周辺環境
②	面積基準	○	標準的規模100㎡〜200㎡ （地価公示地等参照） 市街化区域500㎡以上
③	開発了基準	×	開発未了（畑）
④	潰れ地基準	○	可能（要検討）
⑤	最有効使用基準	○	戸建分譲地
	広大地判定	◎	広大地該当

　通常，角地や二方路などの画地は画地条件が優れ，道路の潰れ地が必要とならないため広大地通達の適用はしづらいものがある。

　評価対象地は四方路であるため，旗竿敷地開発が可能であり，当初は広大地通達の適用は困難であると思われた。

　だが，相続人への聴取を進めていくと，本件土地は相続税の納税資金のために戸建分譲業者への売却が予定されており，当該業者は本件土地の戸建分譲計画を進めていることが判明した。

　その計画は，本件土地は四方路であるから，たとえ旗竿地で開発が可能であるとしても，開発道路を入れて街区を整備することにより住宅地の環境等の付加価値を高め上質な住宅が供給でき，分譲収入が多くなるとするものであった。

　したがって，本件土地は，地形からは旗竿地分譲が可能であると思わ

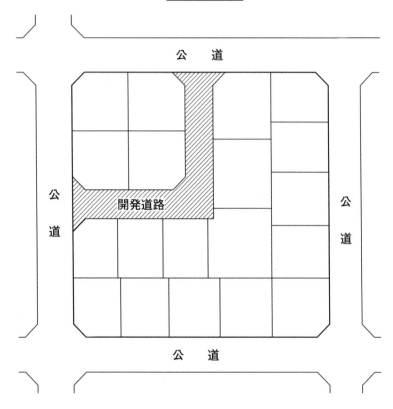

開発想定図

れるとしても，地域の環境や購入者の特性等からみて，開発道路を入れて分譲する方が経済的合理性がある例といえる。

事例＊4　四方路に面する広大な土地

判定メモ

《旗竿開発（路地状敷地による開発）について》

(3) 旗竿開発が合理的であると認められる土地（都心部及びその周辺部で多くみられるいわゆる「旗竿開発」（路地状敷地による開発）を行うことが合理的と考えられる土地）

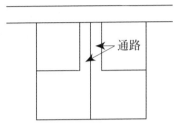

　旗竿開発が合理的と認められる場合の評価対象地については，次の理由から，広大地通達の適用はないと判断するのが相当であると考えられます。

① 広大地は，戸建住宅分譲用地として開発され，道路等の潰れ地が生じる土地を前提としていること。
② 旗竿開発においては細長い路地状部分（通路）が生ずるものの，この部分はあくまでも敷地の延長部分であって，建築基準法上の道路ではないこと。
③ 平成17年情報では，公共公益的施設用地の負担の必要性は開発道路により判断することが相当であるとしていること。
④ 開発許可制度の運用上，単なる分合筆による権利区画の変更は開発行為に当たらないものとされていること。

　なお，評価対象地が旗竿開発が合理的と認められる場合に当たるかどうかは，周囲の状況等から慎重に判断する必要があります。

（参考）　「旗竿開発を想定することが合理的な場合には，公共公益的施設用地の負担が不要であるから，広大地通達の適用はない」とされた裁判例として，東京地裁平成17年11月1日判決及びその控訴審である東京高裁平成18年3月28日判決があります。

（『平成20年版・土地評価の実務』より）

事例＊5

大通り沿いの工場地区内に存する土地

評価対象地の概要

●画地条件

間　口	64m
奥　行	36m
地　積	2,304㎡
用途地域	準工業地域
建ぺい率	60%
容積率	200%
最寄駅距離	1.0km
地　形	角地
現況利用	中小工場，倉庫

●環境条件

周辺地域は大通り沿いに500㎡～2,000㎡程度の工場，作業所，倉庫が連たんしている地域であり，戸建住宅，畑，駐車場も見られる工住混在地域となっている。

事例＊5　大通り沿いの工場地区内に存する土地

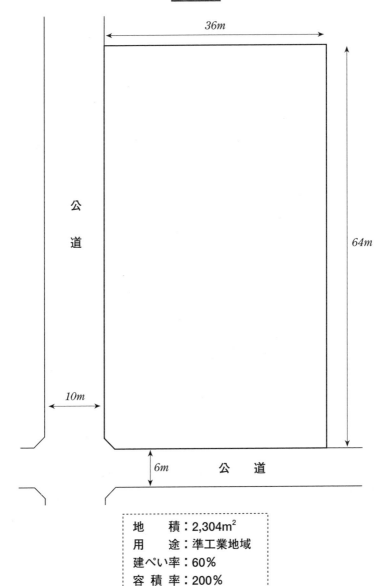

検 討——広大地判定表

	チェック項目	判定	備考
①	マンション適地基準	×	容積率 周辺環境
②	面積基準	○	標準的規模500㎡～2,000㎡ （地価公示地等参照） 市街化区域500㎡以上
③	開発了基準	○	開発了（中小工場，倉庫）
④	潰れ地基準	×	戸建分譲不可
⑤	最有効使用基準	×	中小工場，倉庫
	広大地判定	×	広大地不可

　本件土地は，角地ではあるものの，奥行も十分にあることから，一見すると，広大地通達の適用が認められるようにも思える。

　しかし，本件土地は，路線価の地区区分では中小工場地区内に存しており，工場兼倉庫跡地であった。

　現地調査を入念に行ったが，周辺地域は500㎡～2,000㎡程度の工場，作業所，倉庫が連たんし，戸建住宅，畑，駐車場が散在している地域であること，周辺地域に存する地価公示地の用途が工場用地であることから，地積は500㎡を超えているが，広大地通達を適用することは困難と判断した。

事例＊6

工場地区内で高速道路のインターチェンジ付近に存する土地

評価対象地の概要

● 画地条件

　間　口　　　20m

　奥　行　　　50m

　地　積　　　1,000㎡

　用途地域　　準工業地域

　建ぺい率　　60%

　容積率　　　200%

　最寄駅距離　1.5km

　地　形　　　中間地

　現況利用　　物流倉庫

● 環境条件

　周辺地域は，首都圏および東京港や羽田空港等湾岸部へのアクセスが良好なエリアであり，高速道路のインターチェンジに続く幹線通り沿いに存している。一般消費財の保管・配送物流に適した立地で，高速道路の延長に伴いさらなる利便性の向上が期待される業務地域である。

　周辺には戸建住宅はもちろん，共同住宅等も全く存しない地域である。

地形図

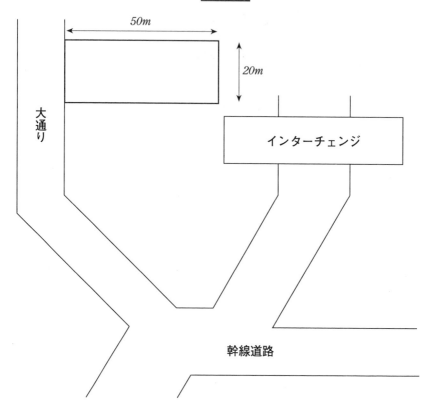

地　　積：1,000m²
用　　途：準工業地域
建ぺい率：60%
容 積 率：200%

事例＊6　工場地区内で高速道路のインターチェンジ付近に存する土地

検　討──広大地判定表

	チェック項目	判　定	備　考
①	マンション適地基準	×	周辺環境
②	面積基準	○	標準的規模1,000㎡ （地価公示地等参照） 市街化区域500㎡以上
③	開発了基準	×	開発未了（物流倉庫）
④	潰れ地基準	×	戸建分譲不可
⑤	最有効使用基準	×	物流倉庫または中小工場用地
	広大地判定	×	広大地不可

　本件土地の周辺地域には戸建住宅はもちろん，共同住宅等も全く存しないことから，24時間操業が可能な環境であり，物流業務に適した立地である。

　したがって，本件土地の最有効使用は物流倉庫または中小工場用地と判定し，広大地通達の適用は不可とした。

事例*7

工場地区から
マンション用地への移行地

評価対象地の概要

● 画地条件

　間　口　　25m

　奥　行　　45m

　地　積　　1,125㎡

　用途地域　準工業地域

　建ぺい率　60％

　容積率　　200％

　最寄駅距離　500m

　地　形　　中間地

　現況利用　中小工場用地

● 環境条件

　周辺地域は，工場，作業所，倉庫等を中心とした業務地域である。

　最近では，築年数が古い工場や社員寮等が企業の資産リストラにより処分され，デベロッパーによるマンション用地としての事業化が盛んな地域である。都心回帰現象が進んでいたこともあり，戸建分譲業者やデベロッパーによって大規模地の取得合戦が繰り広げられ，マンション用地市場が過熱気味であった地域である。

事例＊7　工場地区からマンション用地への移行地

地形図

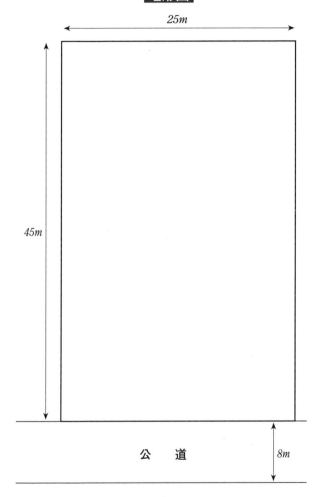

地　　積：1,125m²
用　　途：準工業地域
建ぺい率：60％
容 積 率：200％

検討 ── 広大地判定表

	チェック項目	判定	備考
①	マンション適地基準	○	周辺環境
②	面積基準	○	標準的規模1,000㎡ （地価公示地等参照） 市街化区域500㎡以上
③	開発了基準	×	開発未了（中小工場用地）
④	潰れ地基準	×	戸建分譲不可
⑤	最有効使用基準	×	物流倉庫または中小工場用地
	広大地判定	×	広大地不可

　10年程度遡って調査をしたところ，本件土地の周辺地域では工場跡地のほぼ全てにマンションが建設されている状況であった。

　なかには戸建分譲されている大規模工場跡地もあったが，工場，倉庫等の業務用地のほとんどがマンションを中心とした住宅地域に移行している地域となっている。

　したがって，マンション適地として判定せざるをえなく，広大地通達の適用を不可と判断した。

判定メモ

　デベロッパーの土地の仕入担当者から見た良い土地（取得したくなる土地）とは，一言で言えば，「住みたい」と思えるところである。

　駅に近くて，公園や学校，買物施設などが充実し，南向きの住棟配置なら，大抵の人は住みたいと考える。

　さらに，用途地域も重要である。

事例＊7　工場地区からマンション用地への移行地

　商業地域や近隣商業地域，準工業地域などは建ぺい率や容積率が高く，高層のマンションを建てることができるが，周辺に音や臭いの出る店や工場等があると販売に差し支える。
　また，住居系地域では，中低層のマンションしか建てられないので事業採算性が難しくなる。
　高層の建物が建てられる地域に指定されていながら，隣接地は住居系地域というのが最適のマンション適地といえる。
　すなわち，北側が幹線道路であり，南側が住居系地域になっている土地がベストであるといわれている。

事例＊8

工場地区内の二方路で，一部が高圧線下地

評価対象地の概要

● 画地条件

間　口	30m
奥　行	50m
地　積	1,500㎡
用途地域	準工業地域
建ぺい率	60%
容積率	200%
最寄駅距離	1.0km
地　形	二方路地
現況利用	資材置場

● 環境条件

周辺地域は，資材置場，倉庫，営業所等が多く，戸建住宅は少ない住工混在地域である。

また，評価対象地の北西側には高圧線の鉄塔があり，地上高さ約20mのところに160,000Vの高圧線が通っており，評価対象地の一部は高圧線下地になっているため，建築制限を受ける。そのため，15mを超える建物は建築禁止区域となっている。

事例＊8　工場地区内の二方路で，一部が高圧線下地

地形図

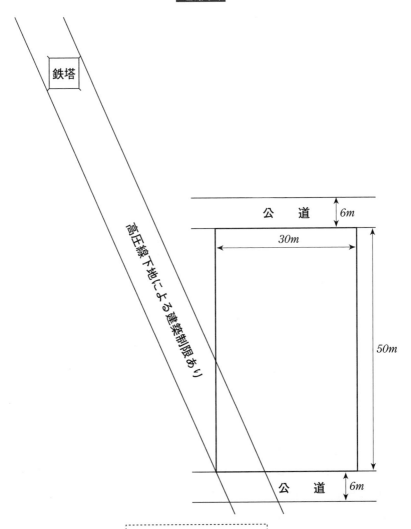

地　　積：1,500m²
用　　途：準工業地域
建ぺい率：60％
容 積 率：200％

検 討 ── 広大地判定表

チェック項目		判　定	備　　考
①	マンション適地基準	△	周辺環境 高圧線による制限
②	面積基準	○	標準的規模1,000㎡ （地価公示地等参照） 市街化区域500㎡以上
③	開発了基準	×	開発未了（資材置場）
④	潰れ地基準	×	戸建分譲不可
⑤	最有効使用基準	○	物流倉庫または中小工場用地
広大地判定		×	広大地不可

　本件土地は最寄駅から1km程のところに所在しており，一部高圧線下地となって中層階以上の建物の建築は困難である。

　「17年情報」の「広大地評価フローチャート」（21ページ）にそって検討していくと，大規模工場用地でもなく，マンション適地でもない。そして，仮に開発行為を行うとした場合には，公共公益的施設用地の負担が必要と認められる。

　しかしながら，本件土地は次のような理由で広大地通達の適用は難しいと判断した。すなわち，周辺地域に地価公示地点があり，その規模が1,000㎡となっており，本件土地は，その地域における標準的な宅地の地積に比して著しく地積が広大であるということはできない。

　また，周辺地域には資材置場，倉庫，営業所等が多く，戸建住宅はほとんどないことから，地域の標準的使用は物流倉庫または中小工場用地であり，戸建分譲地が最有効使用ではないと判断した。

事例＊9

工場地区から
戸建住宅地域への移行地

評価対象地の概要

● 画地条件

間　口　　50m
奥　行　　30m
地　積　　1,500㎡
用途地域　工業地域
建ぺい率　60％
容積率　　200％
最寄駅距離　800m
地　形　　中間地
現況利用　駐車場

● 環境条件

　周辺地域は，都内下町に位置し，工場や作業所を中心としてアパートや一般住宅等が混在する地域である。路線価の地区区分は，中小工場地区となっている。

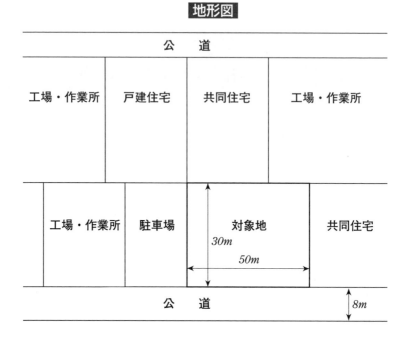

事例＊9 工場地区から戸建住宅地域への移行地

検　討──広大地判定表

	チェック項目	判　定	備　考
①	マンション適地基準	×	容積率 周辺環境
②	面積基準	○	標準的規模300㎡ （地価公示地等参照） 市街化区域500㎡以上
③	開発了基準	×	開発未了（駐車場）
④	潰れ地基準	○	可　能
⑤	最有効使用基準	○	戸建分譲地
	広大地判定	◎	広大地該当

　本件土地は工業地域にあり，周辺には工場，作業所等が目立ち，さらには，前面路線価による地区区分は中小工場地区であった。

　近年，都内の中小規模工場は経営難による衰退が著しく，工場の敷地として利用されていた500㎡を超える土地の跡地を調べていくと，その多くが細区分されて戸建住宅分譲地になっていた。

　現に工場の敷地の用に供されている土地であっても，住宅地域として移行している地域においては，その移行しつつある地域の現況にて土地の最有効使用は決定される。

　したがって，本件土地の地域動向を考えると，最有効使用は，工業地域にあるものの戸建分譲地が妥当であると判断される。

　最有効使用は，用途地域，現況利用，標準的使用等で判断すべきではなく，地域の将来の動向を勘案して決定すべき事例である。

開発想定図

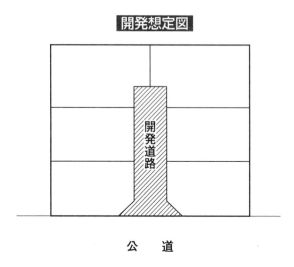

事例＊10
マンション適地に該当するか否かが問題になった事例（1）──
商業地域と準工業地域にまたがり，周辺地域にはマンションが多い土地

評価対象地の概要

●画地条件

間口	7m
奥行	30m
地積	870㎡
用途地域	商業地域（前面道路から20m超：準工業地域）
建ぺい率	80％（前面道路から20m超：60％）
容積率	400％（前面道路から20m超：200％）
最寄駅距離	500m
地形	二方路地
現況利用	自宅用地

●環境条件

　周辺地域は，最寄駅から10分以内に広がる商店街であり，近隣住民のための食料品を中心とした生活用品を取り扱う中小規模の店舗が中心であるが，近年はマンション建設が目立ち始めている幹線道路沿いの商業地域である。

地形図

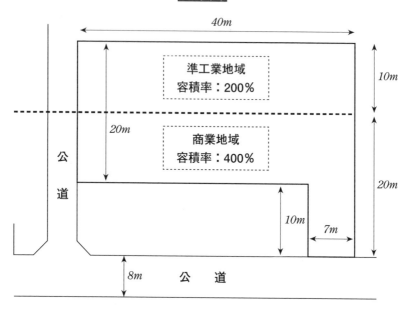

検討 ──広大地判定表

	チェック項目	判 定	備 考
①	マンション適地基準	×	東京都建築安全条例
②	面積基準	○	標準的規模100㎡ （地価公示地等参照） 市街化区域500㎡以上
③	開発了基準	×	開発未了（自宅用地）
④	潰れ地基準	○	可 能
⑤	最有効使用基準	○	戸建分譲地
	広大地判定	◎	広大地該当

事例＊10 マンション適地に該当するか否かが問題になった事例（1）——商業地域と準工業地域にまたがり，周辺地域にはマンションが多い土地

　本件土地においては，前面道路が幹線街路として幅員が8mとなっており，容積率が300％以上ある。周辺にはマンションが多く，商業地域内に位置していることから，明らかにマンション適地と判断される可能性がある。

　しかし，このような旗竿状敷地の場合には，東京都の建築安全条例において，次のような規制がかかる。

① 路地状部分の長さが20mを超える場合には，3m以上の道路に接していなければならない。

② 路地状部分の幅員が4m未満の場合には，3階以上の建築物を建築してはならない。

③ 延べ面積が1,000㎡を超え2,000㎡以下のものの場合には，路地状部分の幅員が6m以上，2,000㎡を超え3,000㎡以下のものの場合には，路地状部分の幅員が8m以上道路に接していなければならない。

④ 特殊建築物（マンションも含む）は，路地状部分によって道路に接する敷地に建築してはならない。ただし，路地状部分の幅員が10m以上で，かつ，敷地面積が1,000㎡未満である建築物はこの限りでない。

　このように，建築安全条例により，マンションのような特殊建築物は，間口が10m以上あるか，敷地面積が1,000㎡未満でないと建築ができないことになる。

　本件土地は，上記②の例外的な事案に該当し，マンションは建築できないことになることから，戸建分譲地が最有効使用となり，広大地通達が適用できることになる。

　したがって，土地の評価においては，単に都市計画法上の指定容積率，基準容積率にとらわれず，不動産鑑定士，建築士等の専門家を入れ

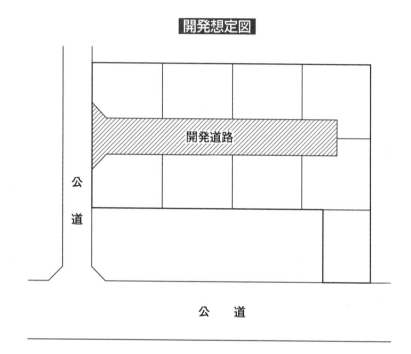

て，建築基準法上，条例等による制限等を調査，考慮した上で，評価対象不動産の最有効使用を判定し，開発想定図を作成すべきである。

判定メモ

「16年情報」および「17年情報」において，経済的に最も合理的であると認められる開発行為が中高層の集合住宅等を建築することを目的とされる土地，いわゆるマンション・ビル等の敷地として利用できる土地は，明らかにマンション適地として広大地通達の適用はできないこととされた。

また，マンション適地の具体例として，容積率300％以上の地域に所在する土地は，マンション適地に該当することが明示された。

事例＊10 マンション適地に該当するか否かが問題になった事例（1）──
商業地域と準工業地域にまたがり，周辺地域にはマンションが多い土地

さらに，

「地域によっては，容積率が300％以上でありながら，戸建住宅が多く存在する地域もあるが，このような地域は都市計画で定めた容積率を十分に活用しておらず，①将来的に戸建住宅を取り壊したとすれば，マンション等が建築されるものと認められる地域か，あるいは，②何らかの事情（例えば道路の幅員）により都市計画法で定めた容積率を活用することができない地域であると考えられる。したがって，②のような例外的な場合を除き，容積率により判定することが相当である。」

と，マンション適地については，指定容積率のみならず，基準容積率も具体的な判断基準の一つであることが示された。

ここで，上記②で例示されている，道路の幅員により都市計画法で定めた容積率を活用できない土地について検討する。

環境および防災などの観点から，幅員12m未満の狭い道路に接する土地（画地）は，都市計画法で定められた指定容積率を道路の幅員により制限する旨が建築基準法で規定されている（建築基準法第52条第2項参照）。

すなわち，対象不動産が接する道路のうち最も広い道路幅員のメートルの数値に，原則として，住居系の用途地域では10分の4（ただし，特定行政庁の指定区域内では前面道路幅員×0.6），それ以外の地域では10分の6（ただし，特定行政庁の指定区域内では前面道路幅員×0.4または0.8）を乗じ，それが，都市計画法で指定された容積率よりも小さい値の場合には，その容積率が適用される規定である。

その概要を次ページにまとめたので参照されたい。

用途地域	前面道路の幅員が12m未満の場合に前面道路の幅員に乗じる数値
第一種低層住居専用地域 第二種低層住居専用地域	10分の4
第一種中高層住居専用地域 第二種中高層住居専用地域 第一種住居地域 第二種住居地域 準住居地域	原則10分の4 　（特定行政庁が都道府県都市計画審議会の議を経て指定する区域内の建築物にあっては，10分の6）
近隣商業地域 準工業地域 工業地域 工業専用地域 商業地域 用途地域の指定のない区域	原則10分の6 　（特定行政庁が都道府県都市計画審議会の議を経て指定する区域内の建築物にあっては，10分の4または10分の8のうち特定行政庁が都道府県都市計画審議会の議を経て定めるもの）

事例＊11

マンション適地に該当するか否かが問題になった事例（2）——
大通り沿いに存する二方路地

評価対象地の概要

●画地条件

間　口	30m
奥　行	40m
地　積	1,200㎡
用途地域	第一種低層住居専用地域
建ぺい率	50％
容積率	100％
最寄駅距離	300m
地　形	二方路地
現況利用	自宅用地

●環境条件

　周辺地域は，大通り沿いで，中低層賃貸マンション，戸建住宅を中心に，店舗，駐車場等が散見され，また，大通りから一歩奥に入ると，低層の一般戸建住宅，駐車場等が多い住宅地域である。

地形図

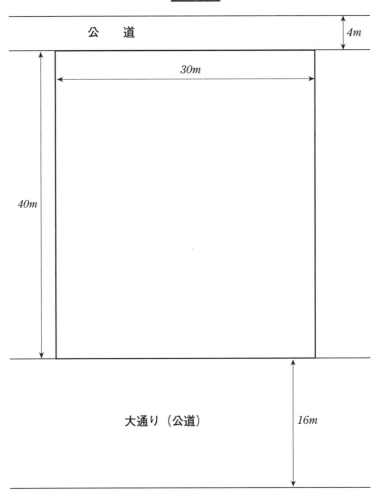

地　　積：1,200m²
用　　途：第一種低層住居専用地域
建ぺい率：50%
容 積 率：100%

事例＊11 マンション適地に該当するか否かが問題になった事例（2）——大通り沿いに存する二方路地

検　討——広大地判定表

チェック項目		判　定	備　考
①	マンション適地基準	検討	容積率 周辺環境
②	面積基準	○	標準的規模200㎡〜300㎡ （地価公示地等参照） 市街化区域500㎡以上
③	開発了基準	×	開発未了（自宅用地）
④	潰れ地基準	○	可　能
⑤	最有効使用基準	○	経済的合理性の検討 戸建分譲地
広大地判定		◎	広大地該当

　本件土地の周辺地域の調査を行ったが，大通り沿いの開発案件が見あたらず，周辺地域の利用状況は中低層賃貸共同住宅，戸建住宅，駐車場，店舗等が混在しており，最有効使用の判定が非常に困難であった。

　このようなケースでは，最有効使用が問題となる。いわゆるマンション適地か戸建分譲地か，また，賃貸マンションは可能かという経済的合理性を前提にして広大地通達の適用を判定することとなる。そこで，鑑定評価の開発法により検討する。

　①　一体利用（分譲マンションを想定した場合）を前提とした開発法による価格

　②　分割利用（区画割り分譲を想定した場合）を前提とした開発法による価格

　③　賃貸マンションを想定した場合の価格

当該案件で上記の①~③の価格を試算してみたところ，次の通りになった。

①：65,500,000円（**表(A)**参照）

②：80,000,000円（**表(B)**参照）

③：68,300,000円（**表(C)**参照）

この三価格の中で最も高いのは，②の分割利用（区画割り分譲を想定した場合）を前提とした場合の80,000,000円であった。これに対して，①は②の81.9％程度の水準であり，③は85.4％程度であった。

価格差が10％程度であるようだと，若干の条件の変更（想定分譲価格，想定造成費・建築費，想定賃料等）により順位が変わってしまうことも考えられるが，本件では15％~18％前後の開きが出た。

したがって，鑑定評価の手法によって，本件土地の最有効使用が戸建分譲であることが示されたわけである。

また，各利用方法に対応した価格の試算にあたっては，分譲価格，造成費・建築費，賃料等の査定が必要になり，これらが根拠ある数値でなければならないことはいうまでもない。

事例*11 マンション適地に該当するか否かが問題になった事例(2)——
大通り沿いに存する二方路地

開発法による試算表

表(A)-1 開発計画

①想定分譲マンションの概要

土地	開発対象面積		1,200.00㎡	100%	用途地域		一低
	公共潰地	セットバック	0.00㎡	0%	建ぺい率		50%
		公園等	0.00㎡	0%	指定容積率		100%
		小計	0.00㎡	0%	基準容積率		100%
	有効面積		1,200.00㎡	100%	(有効宅地率)		
建物	建築面積		400.00㎡	33%	(使用建ぺい率)		
	施工延床面積		1,200.00㎡	100%	(実際使用容積率)		
	屋内駐車場面積		0.00㎡		(注)延床面積の1/5までは容積不算入		
	法定延床面積		1,200.00㎡	100.0%	(実効容積率概算)		
	容積不算入地下(B)		0.00㎡	0%	(注)住宅地下室は延床面積の1/3までは容積不算入		
	(C)=(A)+(B)		1,200.00㎡	100.0%			
	分譲延床面積		1,020.00㎡	85.0%	(C)×分譲率		85%
	平均壁芯専有面積		80.00㎡		間取り	3LDK	
	分譲住戸数		13		構 造	鉄筋コンクリート造3階建	

②事業収支計画(土地代を除く)

	項　目	金　額 (円)	算　定　の　根　拠
収入	分譲平均単価(/㎡)	360,000	周辺の新築マンション分譲事例より
	販売総額(S)	367,200,000	分譲平均単価×分譲延床面積
支出	建築単価(/㎡)	200,000	建物鑑定評価実務研究会編資料より
	建築費総額	240,000,000	建築単価×施工延床面積
	近隣補償費等	7,200,000	建築費総額×3%
	建築関係費合計	247,200,000	建築費総額+近隣補償費等
	公共公益施設負担金		
	販売費及び一般管理費	36,720,000	販売総額の10%

③投下資本収益率

投下資本収益率は,投下資本に対する標準的な利益率を意味し,開発事業者の投資採算性に着目した収益率であり,借入金利率,開発利潤率,危険負担率(リスクプレミアム)により構成される。本件においては以下の通り10%とする。

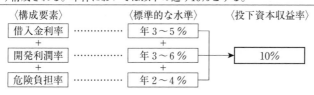

表(A)-2 開発法によるマンション素地としての土地価格

項目		金額(円)	配分	割引期間(月)	複利現価率	複利現価(円)
予想収入	販売収入	36,720,000 330,480,000 —	10% 90% 0%	9 14 0	0.931012445 0.894764065 1	34,187,000 295,702,000 —
	合計	367,200,000	100%	—	(A)	329,889,000
予想支出	建築関係費	123,600,000 123,600,000 —	50% 50% 0%	6 12 0	0.953462589 0.909090909 1	117,848,000 112,364,000 —
	小計	247,200,000	100%	—	—	230,212,000
	販売費及び一般管理費	36,720,000 —	100% 0%	9 0	0.931012445 1	34,187,000 —
	小計	36,720,000	100%	—	—	34,187,000
	合計	283,920,000	—	—	(B)	264,399,000

項目	査定の根拠	金額(円)

(A)-(B)

開発法による土地価格 ＝ 65,500,000円

(㎡単価) 55,000円

投下資本収益率： 10% (1.③の投下資本収益率より)

事例＊11 マンション適地に該当するか否かが問題になった事例（2）——133
大通り沿いに存する二方路地

表(B) 開発法を適用して求めた価格（開発道路設置の場合）

最有効使用の観点から，対象不動産を区画割りして分譲することを想定し，開発法による価格を下記により試算した。

イ．開発計画

総　面　積	1,200.00m²	100%	造成工事費	:	総面積×20,000円/m²≒	24,000,000円
公　共　潰　地	255.25m²	21%	販売費及び一般管理費	:	分譲販売収入×10%=	12,280,000円
（道路）	255.25m²	区域内道路				
（道路）	0.00m²	開発セットバック	投下資本収益率	:	年間10%	
（セットバック）	0.00m²					
（ゴミ置場）	0.00m²					
有　効　面　積	944.75m²	78.73%				

ロ．開発スケジュール

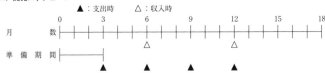

ハ．分譲販売収入

画地番号	標準的画地の価格 ①	個別格差② 方位	街路	位置	形状	間口	格差率	各画地の単価 ③=①×②	面積 ④	分譲価格 ⑤=③×④
(1)	125,000円/m²	+5	±0	±0	±0	+5	110/100	138,000円/m²	118.09m²	16,300,000円
(2)	125,000円/m²	+5	±0	±0	±0	+5	110/100	138,000円/m²	118.09m²	16,300,000円
(3)	125,000円/m²	±0	±0	±0	±0	±0	100/100	125,000円/m²	118.09m²	14,800,000円
(4)	125,000円/m²	±0	±0	±0	±0	±0	100/100	125,000円/m²	118.09m²	14,800,000円
(5)	125,000円/m²	±0	±0	±0	±0	±0	100/100	125,000円/m²	118.09m²	14,800,000円
(6)	125,000円/m²	±0	±0	±0	±0	±0	100/100	125,000円/m²	118.09m²	14,800,000円
(7)	125,000円/m²	±0	±0	±0	±0	+5	105/100	131,000円/m²	118.09m²	15,500,000円
(8)	125,000円/m²	±0	±0	±0	±0	+5	105/100	131,000円/m²	118.09m²	15,500,000円
計	—		—			—			944.72m²	122,800,000円

ニ．開発法による価格

	項　目	金　額	割引期間		複利現価率	複利現価
(A)収入	売上収入	61,400,000円	価格時点後	6ヶ月	0.953463	58,542,628円
	売上収入	61,400,000円	価格時点後	12ヶ月	0.909091	55,818,187円
	売上収入	0円	価格時点後	18ヶ月	0.866784	0円
	合　計	122,800,000円				114,360,815円
(B)支出	造成工事費	12,000,000円	価格時点後	3ヶ月	0.976454	11,717,448円
	造成工事費	12,000,000円	価格時点後	9ヶ月	0.931012	11,172,144円
	造成工事費	0円	価格時点後	9ヶ月	0.931012	0円
	小　計	24,000,000円				22,889,592円
	開発負担金等	0円	価格時点後	0ヶ月		0円
	販売費及び一般管理費	6,140,000円	価格時点後	6ヶ月	0.953463	5,854,263円
	販売費及び一般管理費	6,140,000円	価格時点後	12ヶ月	0.909091	5,581,819円
	小　計	12,280,000円				11,436,082円
	合　計	36,280,000円				34,325,674円

土地価格：(A) − (B) ≒ 80,000,000円（　66,700円/m²）

表(C) 収益価格査定表（土地残余法）

(想定建物の概要)

用途	共同住宅	建物の利用状況 建築面積 (m²)	400.00	用途地域	一低専	公法上の規制等 建ぺい率	50%	指定容積率	100%
構造	鉄骨造	延床面積 (m²)	1,200.00	地積 (m²)	1,200.00	前面道路幅員等	前面道路：		16.0m
階層	3階建						特定道路までの距離：		— m

1. 総収益算出内訳

階層	(1) 床面積 (m²)	(2) 有効率 (%)	(3) 有効面積 (m²)	(4) m²当たり月額支払賃料 (円/m²)	(5) 月額支払賃料 (円)	(6) 敷金/礼金 (月数)		(7) 敷金 (円)	(8) 礼金 (円)
1	400.00	80	320.00	2,600	832,000	2	2	1,664,000	1,664,000
2	400.00	80	320.00	2,600	832,000	2	2	1,664,000	1,664,000
3	400.00	80	320.00	2,600	832,000	2	2	1,664,000	1,664,000
計	1,200.00		960.00		2,496,000			4,992,000	4,992,000

(9) 年額支払賃料	2,496,000円	×	12ヶ月	= 29,952,000円
(10) 保証金等の運用益	4,992,000円	×	2.0%	= 100,000円
(11) 権利金等の運用益及び償却額	償却年数(2)年		運用利回り(2.0%)	
	4,992,000円	×	0.515	≒ 2,570,880円
(12) その他収入（屋外駐車場使用料等）				1,200,000円
(13) 総収益　(9)＋(10)＋(11)＋(12)		33,822,880円 (	28,186円/m²)	

2. 総費用内訳

項　目	実額・査定額	査　定　根　拠
(1) 修繕費	1,014,686円	33,822,880円 × 3.0%
(2) 維持管理費	898,560円	29,952,000円 × 3.0%
(3) 公租公課　土地	500,000円	推定額
建物	1,400,000円	推定額
(4) 損害保険料	240,000円	240,000,000円 × 0.1%
(5) 貸倒れ準備費	0円	敷金等により担保されるため計上しない
(6) 空室等による損失相当額	2,818,573円	33,822,880円 × 1/12
(7) 建物等の取壊費用の積立金	120,000円	240,000,000円 × 0.05%
(8) その他費用	0円	特になし
(9) 総費用	6,991,819円 (	5,827円/m²)　　（経費率　20.7%)

3. 基本利率

r：基本利率	8.0%	g：賃料の変動率		0.5%
a：躯体割合（躯体価格÷建物等価格）	75%	n_a：躯体の経済的耐用年数		35年
b：設備割合（設備価格÷建物等価格）	25%	n_b：設備の経済的耐用年数		15年
		m：未収入期間を考慮した修正率	0.5年	0.9617

4. 建物等に帰属する純収益

項　目	査　定　額	算　定　根　拠
(1) 建物等の初期投資額	240,000,000円	(設計監理料率) 200,000円/m² × 1,200.00m² × (100%＋0%)
(2) 元利逓増償還率	0.0896	（躯体部分）　　　（設備部分） 0.0816 × 75% ＋ 0.1136 × 25%
(3) 建物等に帰属する純収益	21,504,000円	17,920円/m²

5. 土地に帰属する純収益

(1) 総収益	33,822,880円
(2) 総費用	6,991,819円
(3) 純収益　(1)－(2)	26,831,061円
(4) 建物等に帰属する純収益	21,504,000円
(5) 土地に帰属する純収益　(3)－(4)	5,327,061円
(6) 未収入期間を考慮した土地に帰属する純収益	5,123,035円
(5)×（未収入期間を考慮した修正率）　　0.9617	(4,269円/m²)

土地の収益価格	還元利回り（r－g）　7.5% 68,300,000円　　　　　(56,900円/m²)

事例＊11　マンション適地に該当するか否かが問題になった事例（2）――　135
　　　　　大通り沿いに存する二方路地

開発想定図

公　道

(7)　(8)

(5)　(6)

開発道路

(3)　(4)

(1)　(2)

大通り（公道）

事例＊12

マンション適地に該当するか否かが問題になった事例（3）――
基準容積率が240％以上で，特定道路の容積緩和で使用可能容積率が300％の土地

評価対象地の概要

● 画地条件

間　口	24m
奥　行	35m
地　積	840㎡
用途地域	第一種住居地域
建ぺい率	60％
容積率	300％
最寄駅距離	2.0km
地　形	中間地
現況利用	自宅用地

● 環境条件

周辺地域は，二線二駅の利用が可能ではあるが，いずれの最寄駅からでも2km程度の地域に存している。

幹線大通りから一歩奥に入った住宅地域内に存しており，3階建の戸建住宅，中低層の賃貸共同住宅，分譲共同住宅，駐車場等が中心となる住宅地域である。

事例＊12 マンション適地に該当するか否かが問題になった事例 (3)——基準容積率が240％以上で，特定道路の容積緩和で使用可能容積率が300％の土地

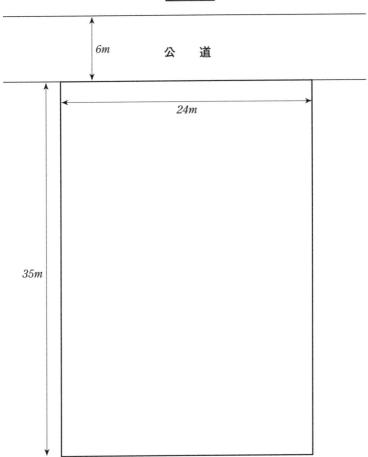

地　　積：840m²
用　　途：第一種住居地域
建ぺい率：60％
容 積 率：300％

検 討──広大地判定表

	チェック項目	判 定	備 考
①	マンション適地基準	×	容積率 最寄駅距離 周辺環境
②	面積基準	○	標準的規模100㎡〜200㎡ （地価公示地等参照） 市街化区域500㎡以上
③	開発了基準	×	開発未了（自宅用地）
④	潰れ地基準	○	可 能
⑤	最有効使用基準	○	戸建分譲地
	広大地判定	◎	広大地該当

　本件土地は，原則として道路幅員が6mであるので，6m×4／10＝240％と容積率制限を受けるが，特定道路（幅員15m以上の道路）から70m以内に立地することから，容積率緩和の特例を受け，容積率300％が使用できるものであった。しかし，本件土地は使用可能容積率が300％であるが，最寄駅から2km程度で，徒歩では30分近くかかる。付近にはバス停留場がいくつかあり，バスの本数も通勤時間帯を中心に相当数あり，地域住民の足として利用されていることが窺われた。さらに，本件土地の裏地は位置指定道路（注）を設置しての戸建住宅分譲地になっていた。本件土地も使用可能容積率は300％前後のはずであるが，それでも現況の利用状況は自宅であった。

　そこで，本件土地の最有効使用を戸建分譲地と判断し，次ページのような開発想定図を作成して申告し是認された。

事例＊12 マンション適地に該当するか否かが問題になった事例 (3)——
基準容積率が240％以上で，特定道路の容積緩和で使用可能容積率が300％の土地

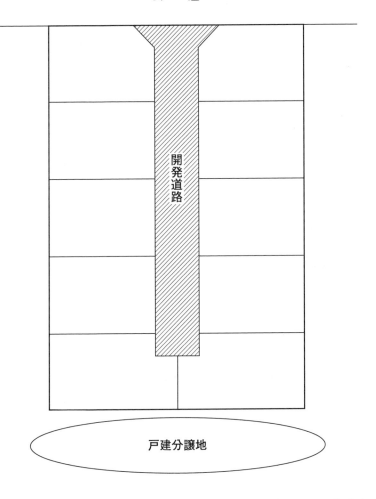

開発想定図

(注)　「位置指定道路」とは，幅員4m以上の私道で特定行政庁の指定を受けている道路をいう（建築基準法第42条第1項第5号参照）。

> 判定メモ

ここで，特定道路による容積率緩和の特例について説明しておく。

幅員15m以上の道路から分岐した道路に接面する土地で，かつ，前面道路の幅員が6m以上12m未満で，建物の敷地から当該道路に沿って特定道路までの距離が70m以内の敷地については，その延長距離に応じて容積率を加算することができる。これは，広い道路に接する土地に比べて，そこから分かれた道路に接する土地の容積率が急激に減ってしまうことを是正することを目的とするものである。

特定道路による特例の容積率＝(前面道路幅員＋加算値)×0.6または0.4
　　　　　　　　　　　　(商業系地域の場合…0.6，住居系地域の場合…0.4)

加算値＝$\dfrac{(12-W) \times (70-L)}{70}$

〔例〕第一種住居地域，建ぺい率60％，容積率300％，前面道路幅員（W）6m，特定道路までの距離（L）50mの場合

加算値＝$\dfrac{(12-6) \times (70-50)}{70}$ ≒1.7

特定道路による特例の容積率＝(6＋1.7)×0.4≒308％

上記の例では300％をフルに使っての建物建築が可能となり，当然にマンションの建設も可能と考えるべきである。なお，税務では，特定道路による容積率緩和は考慮外として評価することとなっている。

事例＊13
その地域における標準的な宅地の地積に比して著しく広大か否かが論点となった事例（1）——
それほど規模が大きくなく，奥行もそれほどない土地

評価対象地の概要

●画地条件

間　口	35m
奥　行	20m
地　積	700㎡
用途地域	第一種低層住居専用地域
建ぺい率	40%
容積率	80%
最寄駅距離	1.0km
地　形	中間地
現況利用	畑

●環境条件

　周辺地域は，幅員4m～8mの道路に，低層戸建住宅を中心として，田，畑，駐車場等も見受けられる混在住宅地域である。

　共同住宅は，賃貸・分譲の別，低層・中高層の別にかかわらず，ほとんど存しない地域である。

　近くには養鶏場や家庭園芸用苗の育成施設などもある，郊外の農家が多い住宅地域である。

地形図

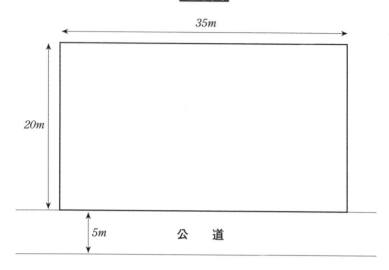

地　積：700m²
用　途：第一種低層住居専用地域
建ぺい率：40%
容積率：80%

事例＊13 その地域における標準的な宅地の地積に比して著しく広大か否かが論点となった事例(1)——それほど規模が大きくなく，奥行もそれほどない土地

検 討——広大地判定表

	チェック項目	判 定	備 考
①	マンション適地基準	×	容積率 最寄駅距離 周辺環境
②	面積基準	○	標準的規模100㎡〜200㎡ （地価公示地等参照） 市街化区域500㎡以上
③	開発了基準	×	開発未了（畑）
④	潰れ地基準	○	可　能
⑤	最有効使用基準	○	戸建分譲地
	広大地判定	◎	広大地該当

　本件土地はマンション適地ではないことは明らかであるが，周辺地域，特に近隣地域の標準的画地の地積が200㎡前後と比較的大きめで，中には300㎡以上の画地も見受けられた。このことから，当初は，本件土地に対して広大地通達を適用することはかなり難しいと思われた。

　次ページの図のような敷地延長で4画地に区画割りして分譲，もしくは場合によっては2つに区画割りしての分譲すらありえるようにも思えたからである。

　しかしながら，周辺における同程度の規模の画地の利用状況を調査してみると，奥行止まりの戸建分譲地（一画地の規模は120㎡程度）が多いことが判明した。このことから，本件土地に広大地通達を適用することは可能と判断したところ，是認された事案である。

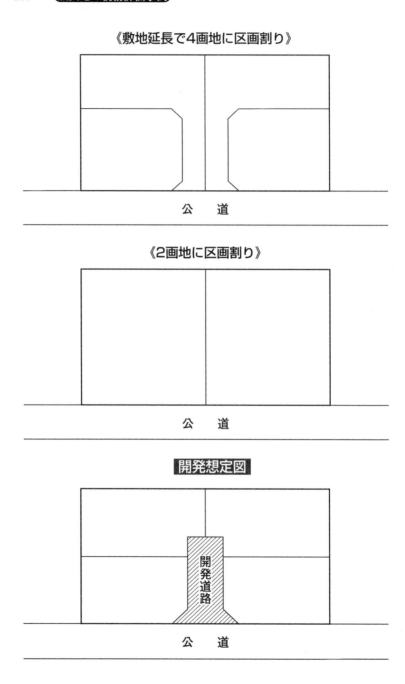

事例＊14
その地域における標準的な宅地の地積に比して著しく広大か否かが論点となった事例（2）──
第一種低層住居専用地域内にある駅前の土地

評価対象地の概要

● 画地条件

間　口	25m
奥　行	40m
地　積	1,000㎡
用途地域	第一種低層住居専用地域
建ぺい率	50％
容積率	100％
最寄駅距離	至　近
地　形	中間地
現況利用	駐車場

● 環境条件

周辺地域は，低層戸建住宅，駐車場，空地が連たんしていて，駅前であるにもかかわらず，店舗，事務所等は皆無であり，共同住宅も全く存していない商的熟成度の低い郊外の住宅地域である。

広大地の税務評価事例

地形図

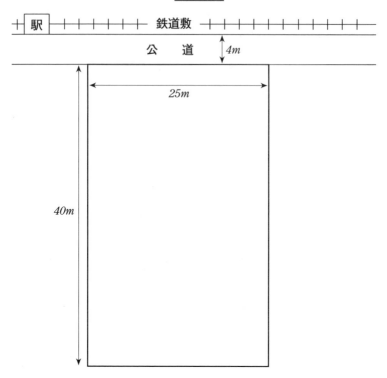

地　　積：1,000m²
用　　途：第一種低層住居専用地域
建ぺい率：50%
容 積 率：100%

事例＊14 その地域における標準的な宅地の地積に比して著しく広大か否かが論点となった事例（2）――第一種低層住居専用地域内にある駅前の土地

検 討――広大地判定表

	チェック項目	判 定	備 考
①	マンション適地基準	×	容積率 周辺環境 市場性
②	面積基準	○	標準的規模100㎡～200㎡ （地価公示地等参照） 市街化区域500㎡以上
③	開発了基準	×	開発未了（駐車場）
④	潰れ地基準	○	可 能
⑤	最有効使用基準	○	戸建分譲地
	広大地判定	◎	広大地該当

　前面道路の幅員が4m未満の場合は建物の建築にあたってセットバックが必要であるのと同じように，開発行為に際しては前面道路の幅員に応じて後退を要することがある。

　本件土地の場合は，「前面道路の幅員が6m未満の場合は道路中心線から3mの後退を要する」旨の規制があった。これは，お互い道路中心線から3m後退すれば6m道路になる，ということを意味する。

　しかし，本事例のように，向い側が鉄道敷や，湖沼，河川等の場合には，相手側は後退ができないし，また無理に後退させれば，公共公益を害することになる。このような場合は，前面道路の向い側の土地の境界から6m後退することになる。これを「一方後退」という。

　セットバックの場合も同様のケースでは一方後退が起こりうるので，現地調査，役所調査では注意を要する。

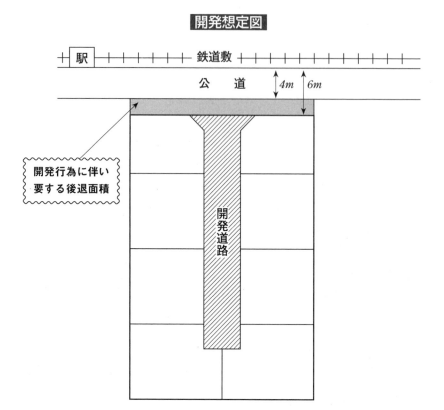

そこで，上図のような一方後退による開発想定図を作成し広大地通達を適用した。

事例＊15

その地域における標準的な宅地の地積に比して著しく広大か否かが論点となった事例（3）——

第一種低層住居専用地域内の高級住宅街にある土地

評価対象地の概要

● 画地条件

間　口	50m
奥　行	55m
地　積	2,750㎡
用途地域	第一種低層住居専用地域
建ぺい率	50%
容積率	100%
最寄駅距離	800m
地　形	角地
現況利用	自宅用地

● 環境条件

　周辺地域は，低層の戸建住宅が連たんしており，一画地毎の敷地が広く，街区および画地が整然とし，街の景観等が優れ，良好な環境を形成する等，居住環境が良好な住宅地域である。

地形図

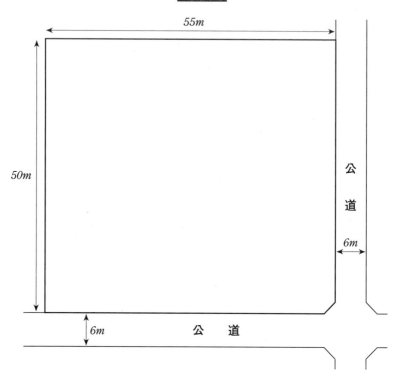

地　　積：2,750m²
用　　途：第一種低層住居専用地域
建ぺい率：50％
容 積 率：100％

事例＊15 その地域における標準的な宅地の地積に比して著しく広大か否かが論点
となった事例（3）――第一種低層住居専用地域内の高級住宅街にある土地

検　討――広大地判定表

	チェック項目	判　定	備　考
①	マンション適地基準	○	周辺環境 規　模
②	面積基準	○	標準的規模900㎡ （地価公示地等参照） 市街化区域500㎡以上
③	開発了基準	×	開発未了（自宅用地）
④	潰れ地基準	×	不　可
⑤	最有効使用基準	○	マンション適地
	広大地判定	×	広大地不可

　本件土地は，普通に考えれば，広大地通達を適用しても問題はなさそうであるが，次の2つの問題点があった。

　まず，第1に，容積率が100％であっても否認されることがありうる，ということである。有名な事例であるので御存知の方も多いと思うが，第一種低層住居専用地域内で，容積率100％，規模約3,000㎡の土地について，周辺での利用状況がマンションであることを理由に，広大地通達の適用が否認された事案がある。

　本件土地の周辺地域でも，低層の分譲マンションが散見された。その当時は地価が急激に上昇しており，戸建住宅は一般のサラリーマンの所得では手が届かない状況になっていた。

　このような状況から，本来は戸建分譲用地と考えられる土地に，マンションが徐々に建設されるようになっていた。

　また，第2の問題点として，本件土地から50mほど離れたところに地

価公示地があり，当該公示地の地積が900㎡ほどあったことである。高級住宅地故に，900㎡程度は標準的地積と捉えられてしまう可能性がある。

　本件土地では，マンション分譲想定と戸建分譲想定により経済的合理性を検討したが，マンション分譲想定の土地価格が高く試算されたので，広大地通達の適用は見送った。

事例＊16

市街化調整区域内の事例（1）──
周辺地域に戸建住宅は多いものの，開発事例がない土地

評価対象地の概要

● 画地条件

間　口	29m
奥　行	51m
地　積	1,479㎡
区域区分	市街化調整区域
建ぺい率	50%
容積率	80%
最寄駅距離	2.0km
地　形	中間地（本件土地の東側には幅員2mほどの建築基準法の道路に該当しない私道が存しており，南側には道の形態を全く有しない赤道がある）
現況利用	農家住宅

● 環境条件

　周辺地域は市街化調整区域内ではあるが，戸建住宅が多く建ち並んでおり，駐車場，畑等が混在している住宅地域である。
　戸建住宅は狭小な一軒家，長屋タイプのものから，大規模な敷地に建つ一軒家，農家住宅まで様々なものがある。

地形図

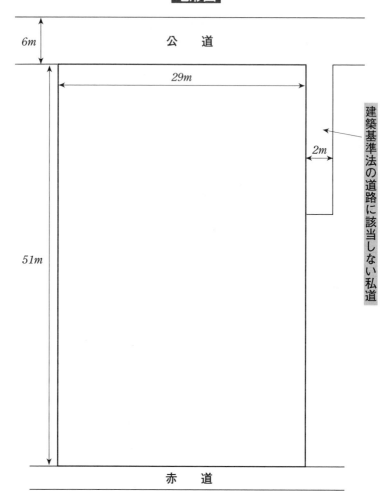

事例＊16 市街化調整区域内の事例（1）——周辺地域に戸建住宅は多いものの，開発事例がない土地

検討 ——広大地判定表

	チェック項目	判定	備考
①	マンション適地基準	×	周辺環境 用途地域 最寄駅距離
②	面積基準	○	標準的規模500㎡ （周辺住宅規模） 市街化調整区域 開発可能
③	開発了基準	×	開発未了（農家住宅）
④	潰れ地基準	○	可　能
⑤	最有効使用基準	○	戸建分譲地
	広大地判定	◎	広大地該当

　本件土地の問題点は，市街化調整区域内にあることである。

　広大地通達の適用にあたっては，著しく広大であることが条件になるが，市街化調整区域内の場合は，いったい何㎡あれば広大といえるのであろうか。

　「17年情報」では，「1　著しく広大であるかどうかの判定」で，「普通住宅地区等に所在する土地で，各自治体が定める開発許可を要する面積基準（以下「開発許可面積基準」という。）以上のもの」については，広大地に該当することとされており，面積基準については次ページの通りになっている。

(1) 市街化区域，非線引き都市計画区域（(2)に該当するものを除く）
　　……都市計画法施行令第19条第1項及び第2項に定める面積（※）
　※① 市街化区域
　　　　三大都市圏　…………………500㎡
　　　　それ以外の地域…………1,000㎡
　　② 非線引き都市計画区域　…3,000㎡
(2) 用途地域が定められている非線引き都市計画区域
　　…………市街化区域に準じた面積
　ただし，近隣の地域の状況から，地域の標準的な規模が上記面積以上である場合については，当該地域の標準的な土地の面積を超える面積のものとする。
(注)　「非線引き都市計画区域」とは，市街化区域と市街化調整区域の区域区分が行われていない都市計画区域をいう。

　上記の「17年情報」では，市街化区域および非線引き都市計画区域については面積基準が示されているが，市街化調整区域についてはなんら示されていない。

　市街化調整区域とは，都市計画法（第7条以下）により，都市計画で定められる都市計画区域における区域区分のひとつであり，市街化区域と対をなす。同法では，「市街化調整区域は，市街化を抑制すべき区域とする。」としており，この区域では，開発行為は原則として抑制され，都市施設の整備も原則として行われない。

　つまり，基本的には，建物を新たに建てたり，増築することができないし，開発自体を行うことも想定していない地域であるため，開発に関する面積基準がないのである。

　では，このような市街化調整区域において，著しく広大な地積の判定は如何にして行うべきか。

事例＊16 市街化調整区域内の事例（1）——周辺地域に戸建住宅は多いものの，開発事例がない土地

　結論から言えば，評価対象地の属する周辺地域の利用状況，近年の開発状況，将来の動向等を丁寧に調査し，総合的に勘案して判断するしかない。

　1,000㎡程度でも広大と言える場合もあるし，3,000㎡を超える農家住宅等が並んでいるような場合には，1,000㎡～5,000㎡程度では著しく広大とは言えない場合もあるからである。

　さて，本件土地について検討する。

　本件土地では周辺地域に戸建住宅が多く建ち並び，また駐車場，畑等が混在しており，狭小な戸建住宅，長屋から農家住宅まで様々なものがある地域であった。現地調査，役所調査では開発行為は全く行われていない地域であることが判明した。また，付近には地価公示地はなく，一番近くても2kmも離れた場所であった。このため，当該地域における著しく広大な地積を確定することが困難な状況であった。

　そこで，近年の建築動向を調査したところ，新築・増改築が行われた土地の地積は100㎡～200㎡であったため，100㎡～200㎡がこの地域の標準的な地積であると判断し，広大地通達の適用を申請した。

　なお，本件土地の東側および南側に存する建築基準法の道路に該当しない私道および赤道については，建築基準法上では道路として扱われないのであるが，開発行為をする場合には扱いが異なる。東側の私道については，開発行為に伴う後退は要さないが，赤道側は開発行為に伴い後退が必要とされる場合がある。

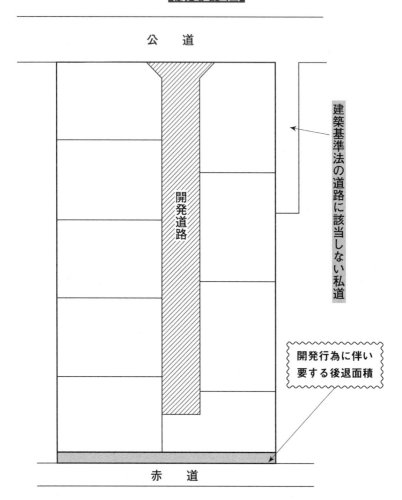

事例＊17

市街化調整区域内の事例（2）──
戸建住宅が散見される市街化調整区域内の土地

評価対象地の概要

●画地条件

間　口	20m
奥　行	35m
地　積	700㎡
区域区分	市街化調整区域
建ぺい率	50％
容積率	80％
最寄駅距離	1.5km
地　形	中間地
現況利用	自宅用地

●環境条件

　周辺地域は，畑が多く，戸建住宅が散見される郊外の熟成度の低い住宅地域である。

　評価対象地から北東方に数百mのところまでは市街化区域であり，当該地域は戸建住宅，共同住宅等が混在する住宅地域であるが，評価対象地側は市街化調整区域であるので住宅開発が遅れている。

地形図

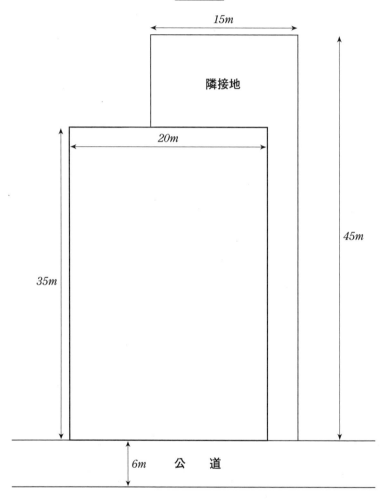

事例＊17 市街化調整区域内の事例（2）──戸建住宅が散見される
市街化調整区域内の土地

検 討──広大地判定表

	チェック項目	判 定	備 考
①	マンション適地基準	×	周辺環境 最寄駅距離 用途地域
②	面積基準	○	標準的規模500㎡ （周辺住宅規模） 市街化調整区域 開発可能
③	開発了基準	×	開発未了（自宅用地）
④	潰れ地基準	×	路地状敷地分譲可能
⑤	最有効使用基準	○	戸建分譲地
	広大地判定	×	広大地不可

　現地調査や役所調査等を進めてみると，本件土地では周辺に戸建住宅が散見される程度で，開発案件，新築物件等はほとんどなく，住宅地域として熟成度が低い地域であることがわかった。

　地域の標準的使用も500㎡から1,000㎡程度の農家住宅が多く，当該地域においては「著しく広大」とはいえず，広大地通達の適用を断念した事例である。

　なお，次ページの（参考）開発想定図からもわかるように，区画割りしたとすると，間口が狭く奥行が間口の倍以上の長さになってしまい，間口と奥行との関係がアンバランスになることも判断材料となった。

(参考) 開発想定図

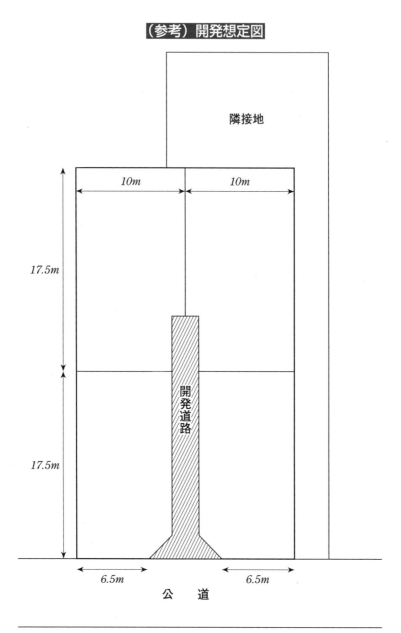

事例*18

市街化調整区域内の事例（3）――
周辺地域に開発事例はあるが，敷地延長で行われている場合

評価対象地の概要

●画地条件

間　口	37.5m
奥　行	20m
地　積	1,000㎡
区域区分	市街化調整区域
建ぺい率	50%
容積率	80%
最寄駅距離	1.2km
地　形	不整形地
現況利用	自宅用地

●環境条件

周辺地域は，戸建住宅，畑等が混在する地域である。
幼稚園，神社等も見受けられるが，建物はまばらな地域である。

地形図

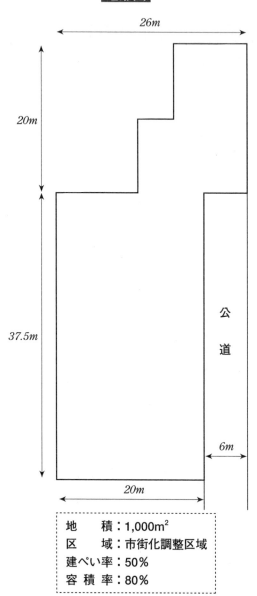

地　　積：1,000m²
区　　域：市街化調整区域
建ぺい率：50%
容 積 率：80%

事例＊18 市街化調整区域内の事例（3）——周辺地域に開発事例はあるが，敷地延長で行われている場合

検 討——広大地判定表

	チェック項目	判 定	備 考
①	マンション適地基準	×	周辺環境 用途地域 最寄駅距離
②	面積基準	○	標準的規模500㎡ 市街化調整区域 開発可能
③	開発了基準	×	開発未了（自宅用地）
④	潰れ地基準	×	路地状敷地開発可能
⑤	最有効使用基準	○	戸建分譲地
	広大地判定	×	広大地不可

　本件土地は，行き止まり公道に接する不整形地であり，奥行距離は20mと短く，接道距離は37.5mほどある。

　本件土地は奥行がそれほどないため，2通りの開発想定図を作成し，周辺地域の利用状況を前提として，いずれが妥当な利用方法かを検討した。

　近くにあった区画割り分譲地の奥行が本件土地と同程度であり，かつ，開発道路を開設することなく敷地延長により分譲を行っていた。

　そのため，本件土地においても，敷地延長で行うことが妥当であると判断せざるをえないと判定し，広大地通達の適用を断念した。

【(参考) 開発想定図】

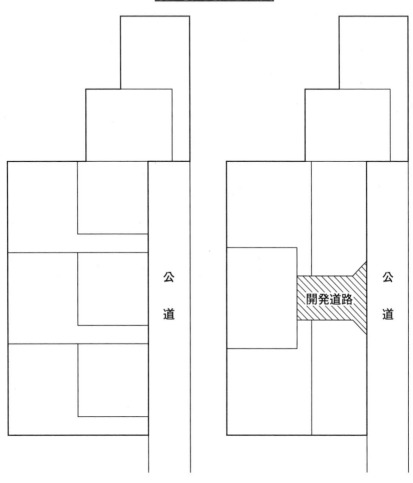

事例 *19

その地域特有の努力規定がある角地

評価対象地の概要

● 画地条件

間　口	24m
奥　行	45m
地　積	1,080㎡
用途地域	第一種中高層住居専用地域
建ぺい率	60%
容積率	200%
最寄駅距離	700m
地　形	角地
現況利用	駐車場

● 環境条件

周辺地域は，戸建住宅を中心として，中低層共同住宅，作業所，駐車場等も見受けられる地域である。

なお，戸建住宅は，100㎡以下の敷地に建つものが大半である。

広大地の税務評価事例

地形図

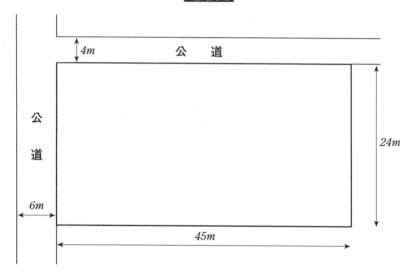

地　　積：1,080m²
用　　途：第一種中高層住居専用地域
建ぺい率：60％
容　積　率：200％

検 討 ── 広大地判定表

	チェック項目	判 定	備 考
①	マンション適地基準	×	容積率 周辺環境
②	面積基準	○	標準的規模100㎡〜200㎡ （地価公示地等参照） 市街化区域500㎡以上
③	開発了基準	×	開発未了（駐車場）
④	潰れ地基準	○	可 能
⑤	最有効使用基準	○	戸建分譲地
	広大地判定	◎	広大地該当

　本件土地では，「開発指導要綱」とは別に，「敷地延長による開発，分譲は極力避けるように努力すること」とする当該地域特有の努力規定が存在した。

　周辺地域の標準的な画地規模は100㎡程度であること等から，本件土地の最有効使用は，開発道路を敷設することによる戸建分譲素地であることが判明した。

　なお，この努力規定は「開発指導要綱」の冊子には入っておらず，用紙1枚のものであった。当該役所の担当課で「開発指導要綱」を入手し，その内容を確認することが重要であることは言うまでもないが，このような努力規定や注意事項が案件の成否を左右することもありうるので，役所調査は慎重を期すべきである。

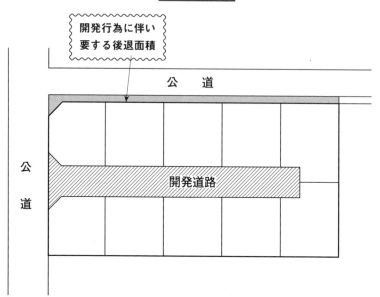

事例＊20

敷地延長による区画割り分譲が見あたらない二方路地

評価対象地の概要

● 画地条件

間　口	25m
奥　行	44m
地　積	1,100㎡
用途地域	第一種低層住居専用地域
建ぺい率	50％
容積率	100％
最寄駅距離	2.5km
地　形	二方路地
現況利用	駐車場

● 環境条件

周辺地域は，戸建住宅，畑等が混在する住宅地域である。

なお，本件土地の南側隣接地では，延床面積1,000㎡程度と思われる3階建の賃貸共同住宅が建築中であった。

地形図

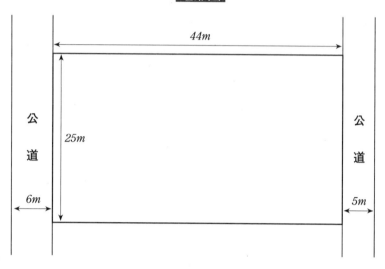

地　積：1,100m²
用　途：第一種低層住居専用地域
建ぺい率：50％
容積率：100％

事例＊20 敷地延長による区画割り分譲が見あたらない二方路地

検討──広大地判定表

	チェック項目	判　定	備　考
①	マンション適地基準	×	容積率 最寄駅距離 周辺環境
②	面積基準	○	標準的規模100㎡〜200㎡ （地価公示地等参照） 市街化区域500㎡以上
③	開発了基準	×	開発未了（駐車場）
④	潰れ地基準	検　討	可　能
⑤	最有効使用基準	○	戸建分譲地
	広大地判定	◎	広大地該当

　本件土地は二方路であることから，敷地延長による区画割り分譲と，開発道路の敷設による区画割り分譲の2つが考えられる。

　いずれが最有効使用となるであろうか。

　この点については，不動産の地域性によって対処することができる。つまり，本件土地が属する地域は，敷地延長による区画割り分譲が多い地域なのか，開発道路の敷設による区画割り分譲が多い地域なのか，である。周辺地域の過去，現在，将来の動向について調査を進めていくと，敷地延長による区画割り分譲は見あたらず，旗竿地すら見あたらない地域であった。こういった地域では，敷地延長による区画割り分譲に対する需要は見込めない。

　したがって，開発道路の敷設による区画割り分譲が経済的に最も合理的であると判断し，広大地通達を適用した。

開発想定図

《敷地延長による区画割り分譲》

《開発道路の敷設による区画割り分譲》

事例＊21

経済的合理性を重視して広大地通達を適用した二方路地

評価対象地の概要

● 画地条件

　間　口　　14m
　奥　行　　65m
　地　積　　910㎡
　用途地域　第一種低層住居専用地域
　建ぺい率　50％
　容積率　　100％
　最寄駅距離　3.0km
　地　形　　二方路地
　現況利用　畑

● 環境条件

周辺地域は，戸建住宅，駐車場，空地が混在する住宅地域である。本件土地から数百mは，田園風景が広がる市街化調整区域である。

地形図

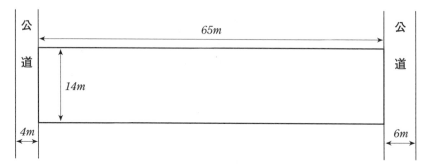

地　積：910m²
用　途：第一種低層住居専用地域
建ぺい率：50％
容積率：100％

検　討 ── 広大地判定表

	チェック項目	判　定	備　　考
①	マンション適地基準	×	容積率 周辺環境 最寄駅距離
②	面積基準	○	標準的規模100㎡〜200㎡ （地価公示地等参照） 市街化区域500㎡以上
③	開発了基準	×	開発未了（畑）
④	潰れ地基準	検　討	可　能
⑤	最有効使用基準	○	戸建分譲地
	広大地判定	◎	広大地該当

事例＊21 経済的合理性を重視して広大地通達を適用した二方路地

　本件土地も二方路であるので，敷地延長による区画割り分譲と開発道路の敷設による区画割り分譲の2つの開発想定図を作成して，検討する。

　次ページの2つの開発想定図を見比べれば，本件土地の最有効使用は明らかである。

　敷地延長による区画割り分譲では，各画地の地積に占める路地状部分がかなり大きいことがわかる。路地状部分に建物を建築することは不可能であり，車庫くらいにしか利用できない。路地状部分も，建ぺい率や容積率の算定の際に地積として算入されることから，路地状部分を所有することの一定の効用は認められる。

　ただし，建築面積が増加したとしても，隣地境界線からの外壁後退距離，斜線制限（隣地斜線，北側斜線等）により，必ずしも建ぺい率や容積率をフルに使い得ないことがある。

　本件土地においては，経済的合理性を重視して，広大地通達を適用した。

開発想定図

《敷地延長による区画割り分譲》

《開発道路の敷設による区画割り分譲》

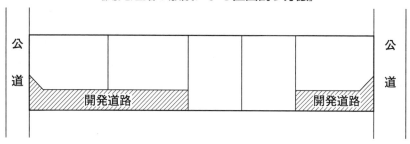

事例＊22

土地の個別的要因を総合的に勘案して判断された三方路地

評価対象地の概要

● 画地条件

間　口	45m
奥　行	30m
地　積	1,350㎡
用途地域	第一種低層住居専用地域
建ぺい率	50%
容積率	100%
最寄駅距離	1.0km
地　形	三方路地
現況利用	畑

● 環境条件

周辺地域は，低層の戸建住宅が建ち並び，中層以上の建物は見られない住宅地域である。

地形図

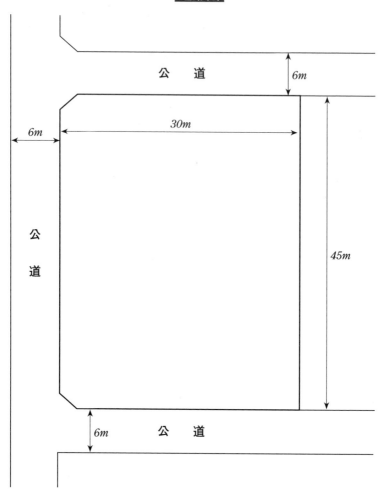

地　積：1,350m²
用　途：第一種低層住居専用地域
建ぺい率：50%
容積率：100%

事例＊22 土地の個別的要因を総合的に勘案して判断された三方路地

検 討──広大地判定表

	チェック項目	判 定	備 考
①	マンション適地基準	×	容積率 最寄駅距離 周辺環境
②	面積基準	○	標準的規模100㎡～200㎡ （地価公示地等参照） 市街化区域500㎡以上
③	開発了基準	×	開発未了（畑）
④	潰れ地基準	○	可　能
⑤	最有効使用基準	○	戸建分譲地
	広大地判定	◎	広大地該当

　本件土地でも，敷地延長による区画割り分譲と開発道路の敷設による区画割り分譲の2つの方法についての比較検討が必要である。
　[事例＊21]の場合は，敷地延長による区画割り分譲は明らかに不自然であったが，本事例ではそれほどではない。そこで，この2つの方法を前提とした鑑定評価額を試算したところ，次のようになった。
　敷地延長による区画割り分譲を前提とした価格：105,000,000円
　開発道路の敷設による区画割り分譲を前提とした価格：115,000,000円
　この2つの価格差は1割程度であり，歴然であるとは言えないが，周辺地域内で路地状敷地が少なかったため，広大地通達を適用したところ是認された。
　単なる評価額の差だけではなく，評価対象地の属する地域や，その土地の個別的要因を総合的に勘案して判断することがポイントである。

開発想定図

《敷地延長による区画割り分譲》

事例＊22　土地の個別的要因を総合的に勘案して判断された三方路地

《開発道路の敷設による区画割り分譲》

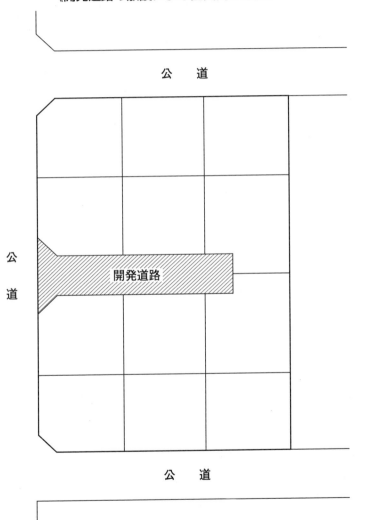

事例＊23

開発を了しているか否かが問題とされた事例（1）──
店舗（スーパー）の敷地として利用されている土地

評価対象地の概要

● 画地条件

間　口	40m
奥　行	40m
地　積	1,600㎡
用途地域	第二種中高層住居専用地域
建ぺい率	60%
容積率	200%
最寄駅距離	2.0km
地　形	中間地
現況利用	スーパー店舗

● 環境条件

　周辺地域は，最寄駅から2kmほどに存する県道から一歩奥に入った，戸建住宅がほとんどを占めている住宅地域である。

　評価対象地は戸建住宅の中にあって，日用品を取り扱う小規模スーパー店舗の敷地として利用されている。

事例＊23 開発を了しているか否かが問題とされた事例（1）――
店舗（スーパー）の敷地として利用されている土地

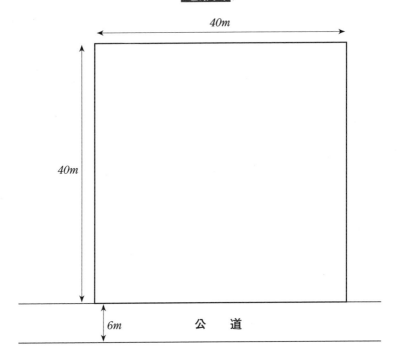

検　討──広大地判定表

	チェック項目	判　定	備　考
①	マンション適地基準	×	周辺環境 最寄駅距離
②	面積基準	○	標準的規模100㎡〜200㎡ （地価公示地等参照） 市街化区域500㎡以上
③	開発了基準	×	開発未了（スーパー店舗）
④	潰れ地基準	○	可　能
⑤	最有効使用基準	○	戸建分譲地
	広大地判定	◎	広大地該当

　本件土地はスーパー店舗の敷地として利用されていることから，「現に宅地として有効利用されている建築物等の敷地」と考えることもできる。

　「17年情報」には，次のように記述されている。

　「2　現に宅地として有効利用されている建築物等の敷地

　　前記の情報第2号『2　広大地の評価』（抜粋）のとおり，『大規模店舗，ファミリーレストラン等』は，『現に宅地として有効利用されている建築物等の敷地』であることから，広大地に該当しないこととしている。

　　これは，比較的規模の大きい土地の有効利用の一形態として大規模店舗等を例示的に示したものである。したがって，大規模店舗等の敷地がその地域において有効利用されているといえるかどうか，言い換えれば，それらの敷地がその地域の土地の標準的使用といえ

事例＊23　開発を了しているか否かが問題とされた事例（1）——店舗（スーパー）の敷地として利用されている土地

るかどうかで判定するということであり，いわゆる『郊外路線商業地域』（都市の郊外の幹線道路（国道，都道府県道等）沿いにおいて，店舗，営業所等が連たんしているような地域）に存する大規模店舗等の敷地が，この『現に宅地として有効利用されている建築物等の敷地』に該当する。

　一方，例えば，戸建住宅が連たんする住宅街に存する大規模店舗やファミリーレストラン，ゴルフ練習場などは，その地域の標準的使用とはいえないことから，『現に宅地として有効利用されている建築物等の敷地』には該当しない。」

　本件土地は，戸建住宅が連たんする住宅街に存するスーパー店舗の敷地であり，上記で例示している大規模店舗ではなく小規模店舗であるので，その地域の標準的使用とはいえないことは明らかであり，「17年情報」の趣旨から考えれば，本件土地は，現に宅地として有効利用されている建築物の敷地には該当しない。

　とすれば，開発行為を行うとした場合には，道路などの公共公益的施設用地の負担が認められ，広大地に該当するのであるから，次ページのような開発想定図を作成し，広大地通達を適用した。

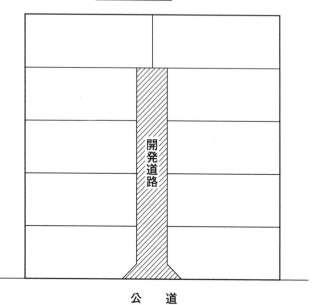

事例＊24

開発を了しているか否かが問題とされた事例（2）——
駐車場として利用されている土地

評価対象地の概要

● **画地条件**

間　口	40m
奥　行	40m
地　積	1,600㎡
用途地域	近隣商業地域
建ぺい率	60％
容積率	200％
最寄駅距離	2.0km
地　形	中間地
現況利用	駐車場

● **環境条件**

周辺地域は，最寄駅から2kmほどの県道沿いの地域であり，店舗やマンション，農家住宅もみられる郊外の住宅地域である。

地形図

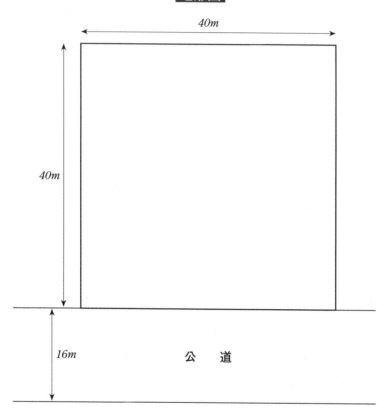

事例＊24 開発を了しているか否かが問題とされた事例（2）――駐車場として利用されている土地

検　討――広大地判定表

	チェック項目	判　定	備　　考
①	マンション適地基準	○	周辺環境 用途地域
②	面積基準	○	標準的規模100㎡〜200㎡ （地価公示地等参照） 市街化区域500㎡以上
③	開発了基準	×	開発未了（駐車場）
④	潰れ地基準	×	不　可
⑤	最有効使用基準	×	マンション適地
	広大地判定	×	広大地不可

　本件土地は現に駐車場として利用されていることから、「現に宅地として有効利用されている建築物等の敷地」にはあたらず、広大地と考えることも可能と思える。

　「16年情報」には、次のような記述がある。

　「(2)　広大地の範囲

　　評価通達における広大地は、①戸建住宅分譲用地として開発され、道路等の潰れ地が生じる土地を前提としていること、また、②『対象地がその存する地域の標準的な画地との比較において広大地と判定される画地であっても、一体利用することが市場の需給関係等を勘案して合理的と認められる場合には、地積過大による減価を行う必要がない』（『土地価格比準表の取扱いについて』、国土交通省）とされていることなどから、その宅地を中高層の集合住宅等の敷地として使用するのが最有効使用である場合、いわゆるマンション適

地等については，広大地には該当しない旨を通達の中で明らかにした。」

本件土地の場合には，県道沿いに戸建分譲が行われていないこと，開発行為を行うとした場合には，標準的使用との関係から考えれば，店舗やマンションの敷地が最有効使用と考えられることから，広大地通達の適用は不可とした。

事例＊25

第一種低層住居専用地域内にある不整形地

評価対象地の概要

● 画地条件

間　口	35m
奥　行	35m
地　積	1,800㎡
用途地域	第一種低層住居専用地域
建ぺい率	60％
容積率	150％
最寄駅距離	1.0km
地　形	中間地
現況利用	畑

● 環境条件

周辺地域は，低層の戸建住宅を中心に低層の賃貸共同住宅，駐車場等が散見される住宅地域である。

地形図

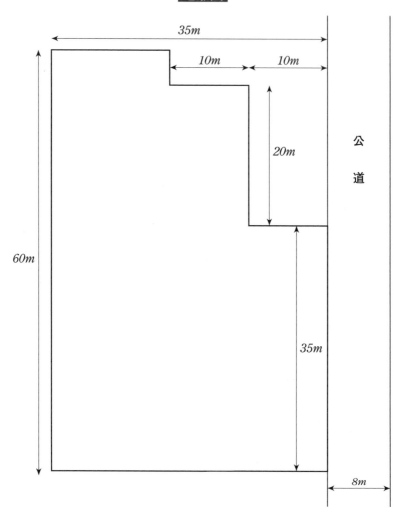

地　積：1,800m²
用　途：第一種低層住居専用地域
建ぺい率：60%
容　積　率：150%

事例＊25　第一種低層住居専用地域内にある不整形地

検　討──広大地判定表

	チェック項目	判　定	備　　考
①	マンション適地基準	×	容積率 周辺環境
②	面積基準	○	標準的規模100㎡〜200㎡ （地価公示地等参照） 市街化区域500㎡以上
③	開発了基準	×	開発未了（畑）
④	潰れ地基準	○	可　能
⑤	最有効使用基準	○	戸建分譲地
	広大地判定	◎	広大地該当

　不整形地の場合には，開発想定図の作成に神経を使うことが多い。

　不整形のため開発想定図が作成しづらい上に，評価対象地の属する地域に適合し，需要が見込める現実的な計画でなければならないからである。

　本件土地の場合は，次ページのような開発想定図を作成し，申告の参考資料として添付した。

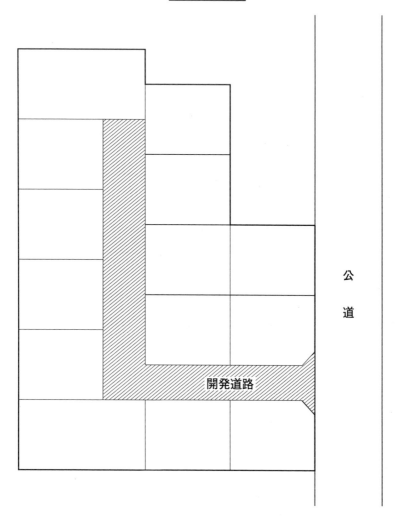

事例＊26

準工業地域内にある不整形地

評価対象地の概要

●画地条件

間　口　　25m
奥　行　　40m
地　積　　1,000㎡
用途地域　準工業地域
建ぺい率　60％
容積率　　200％
最寄駅距離　3.0km
地　形　　中間地
現況利用　畑

●環境条件

周辺地域は，戸建住宅，駐車場，作業所，資材置場等が混在する地域である。

地形図

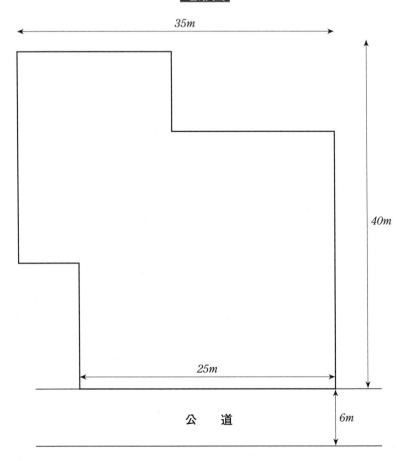

地　　積：1,000m²
用　　途：準工業地域
建ぺい率：60%
容 積 率：200%

事例＊26 準工業地域内にある不整形地

検討──広大地判定表

	チェック項目	判　定	備　　考
①	マンション適地基準	×	周辺環境 最寄駅距離
②	面積基準	○	標準的規模100㎡～200㎡ （地価公示地等参照） 市街化区域500㎡以上
③	開発了基準	×	開発未了（畑）
④	潰れ地基準	○	可　能
⑤	最有効使用基準	○	戸建分譲地
	広大地判定	◎	広大地該当

　本件土地は準工業地域内にあり，周辺には作業所，資材置場等が見受けられるが，最寄駅から遠いこと，戸建住宅や作業所等が混在していること等から，マンション適地となる可能性はまずない。

　したがって，次ページの開発想定図を添付して申告した。

　余談ではあるが，本件土地の地形はさして不整形ではないように見え，開発想定図の作成にもさしたる時間を要しないように思えた。

　しかし，いざ図面の作成に取りかかると，どのような区画割りを想定してみても，次ページのような路地状敷地，不整形地ばかりの図面になってしまった。

　きれいな整形地に区画割りをして分譲することが戸建分譲業者の視点に立った実現性ある計画であるが，どうやっても上手く図面が作成できなかった事例である。

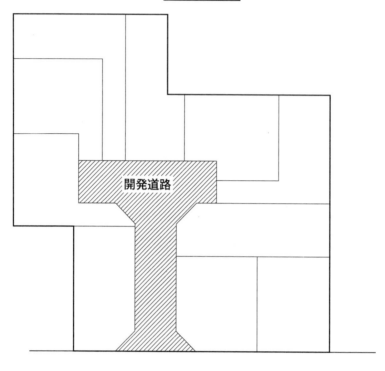

事例＊27

第一種中高層住居専用地域内にある不整形地

評価対象地の概要

●画地条件

間　口	15m
奥　行	40m
地　積	1,200㎡
用途地域	第一種中高層住居専用地域
建ぺい率	60%
容積率	200%
最寄駅距離	1.0km
地　形	中間地
現況利用	畑

●環境条件

周辺地域は，戸建住宅，アパート，駐車場等が混在する古くからの住宅地域である。

広大地の税務評価事例

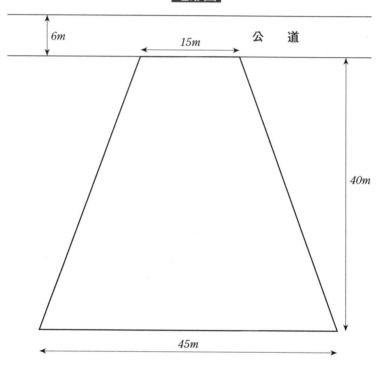

地形図

```
地    積：1,200m²
用    途：第一種中高層住居専用地域
建ぺい率：60％
容 積 率：200％
```

事例*27 第一種中高層住居専用地域内にある不整形地

検 討──広大地判定表

チェック項目		判 定	備 考
①	マンション適地基準	×	容積率 周辺環境
②	面積基準	○	標準的規模100㎡〜200㎡ （地価公示地等参照） 市街化区域500㎡以上
③	開発了基準	×	開発未了（畑）
④	潰れ地基準	○	可 能
⑤	最有効使用基準	○	戸建分譲地
広大地判定		◎	広大地該当

　本件土地の開発想定図は，次ページの通りである。

　少々おかしな区画割りになってしまったが，本件土地の形状，周辺地域の画地規模等からやむを得なかった。

　本件土地は後日売却されたのであるが，この開発想定図とほぼ同様な区画割りで戸建分譲が行われた。

開発想定図

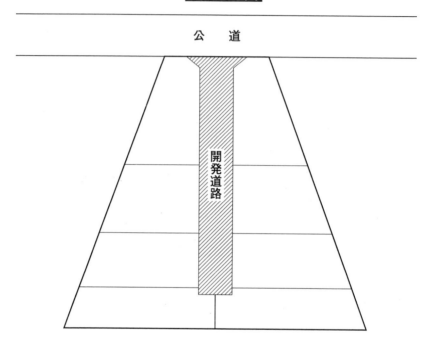

事例＊28

マンション適地に該当するか否かが問題となった不整形地

評価対象地の概要

● 画地条件

間　口	21m
奥　行	60m
地　積	1,618㎡
用途地域	第一種中高層住居専用地域
建ぺい率	60%
容積率	200%
最寄駅距離	1.0km
地　形	中間地
現況利用	駐車場

● 環境条件

　周辺地域は，最寄駅から都心へは30分程度であり，アクセスが良好な地域といえる。

　また，戸建住宅と中低層の分譲マンションが混在する住宅地域である。

広大地の税務評価事例

地形図

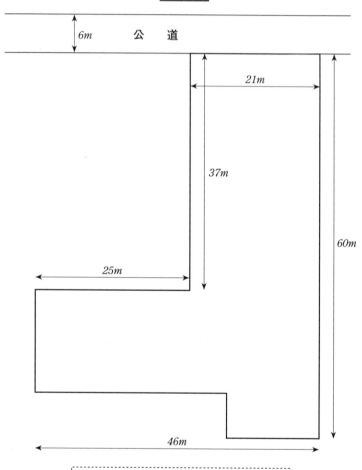

地　　積：1,618m²
用　　途：第一種中高層住居専用地域
建ぺい率：60%
容 積 率：200%

事例＊28 マンション適地に該当するか否かが問題となった不整形地

検　討──広大地判定表

チェック項目		判　定	備　　考
①	マンション適地基準	×	容積率 周辺環境
②	面積基準	○	標準的規模100㎡〜200㎡ （地価公示地等参照） 市街化区域500㎡以上
③	開発了基準	×	開発未了（駐車場）
④	潰れ地基準	○	可　能
⑤	最有効使用基準	○	戸建分譲地
広大地判定		◎	広大地該当

　本件土地は不整形であるため，開発想定図の作成に苦労した他に，マンション適地に該当するか否かも問題となった。

　マンションは全戸が南向きになるように建てるべきであり，そのためには地形は南北軸よりも東西軸の方がよい。

　東西軸とは，間口からの奥行が，南北方向に比較して東西方向が長いことをいい，南北軸とは，東西方向に比較して南北方向が長いことをいう。また，中間軸とは，南北軸と東西軸の中間に位置するものをいう。

　なお，南北軸の場合であっても，画地面積が大きく東西軸と同様な利用が可能であるときは需要が見込めることから，鑑定評価においても減価を行わないのが一般的である。

　本件土地は前ページの地形図のように南北軸の地形で，マンション用地としては不向きであり，マンション敷地ではなく，戸建分譲地が最有効使用である。

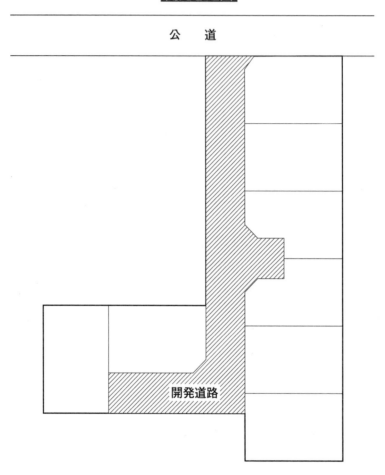

事例＊29

地積が3,000㎡を超える不整形地

評価対象地の概要

● 画地条件

　間　口　　　26m
　奥　行　　　110m
　地　積　　　6,096㎡
　用途地域　　第一種低層住居専用地域
　建ぺい率　　50％
　容積率　　　100％
　最寄駅距離　3.0km
　地　形　　　中間地
　現況利用　　畑

● 環境条件

　周辺地域は，戸建住宅が建ち並ぶ住宅街であり，駐車場，畑が散見される地域である。

地形図

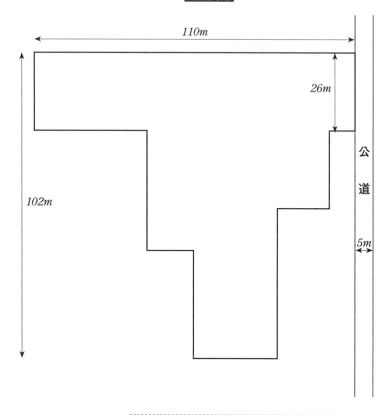

検討──広大地判定表

	チェック項目	判定	備考
①	マンション適地基準	×	容積率 最寄駅距離 周辺環境
②	面積基準	○	標準的規模100㎡〜200㎡ （地価公示地等参照） 市街化区域500㎡以上
③	開発了基準	×	開発未了（畑）
④	潰れ地基準	○	可　能
⑤	最有効使用基準	○	戸建分譲地
	広大地判定	◎	広大地該当

　本件土地は当然に広大地通達が適用できるが，相当な不整形地であり，また地積が3,000㎡を超える規模であることから，緑地が必要になることに気をつけなければならない。

　地積が3,000㎡を超えると，「開発面積×3％以上を緑地（公園）用地としなければならない」という開発条件が付されるのが通常である（緑地部分の提供に代えて，金銭を納める場合もあるので，調査時には確認を要する）。

　さらに，公園の間口は最低何m以上とし，短い辺の長さが最長の辺の何分の1以上あり，ほぼ整形の地形としなければならない，といった条件が付される場合もある。

開発想定図

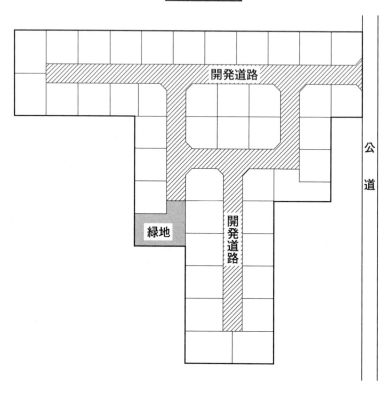

事例＊30

不整形で間口狭小な土地

評価対象地の概要

● 画地条件

間　口	5 m
奥　行	60m
地　積	1,130㎡
用途地域	第一種低層住居専用地域
建ぺい率	60%
容積率	150%
最寄駅距離	1.0km
地　形	中間地
現況利用	畑

● 環境条件

周辺地域は，戸建住宅を中心とした郊外の住宅地域である。

地形図

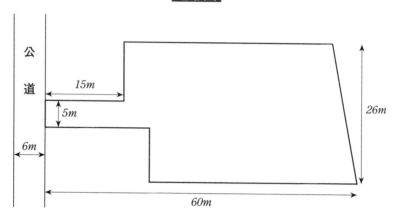

```
地    積：1,130m²
用    途：第一種低層住居専用地域
建ぺい率：60%
容 積 率：150%
```

検 討 ——広大地判定表

	チェック項目	判 定	備 考
①	マンション適地基準	×	容積率 周辺環境
②	面積基準	○	標準的規模100㎡〜200㎡ （地価公示地等参照） 市街化区域500㎡以上
③	開発了基準	×	開発未了（畑）
④	潰れ地基準	○	可　能
⑤	最有効使用基準	○	戸建分譲地
	広大地判定	◎	広大地該当

事例＊30 不整形で間口狭小な土地

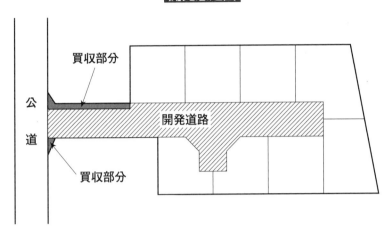

本件土地の周辺地域には戸建住宅が建ち並んでいることから，最有効使用は戸建分譲地と考えることができる。

だが，当該地域の「開発指導要綱」には，「開発道路が行き止まりになる場合には，幅員を6m以上とすること」という一文があった。

このことから，現実的には開発道路の敷設は困難であるが，上図の通り，隣地の一部の買収を想定することによって広大地通達の適用が可能となった。

事例＊31

路地状部分（買収部分）にも転回広場が必要とされた不整形地

評価対象地の概要

● 画地条件

　間　口　　　3 m
　奥　行　　　75m
　地　積　　　995㎡
　用途地域　　第一種中高層住居専用地域
　建ぺい率　　60％
　容積率　　　200％
　最寄駅距離　500m
　地　形　　　中間地
　現況利用　　駐車場

● 環境条件

　周辺地域は，戸建住宅，アパートのほかマンションも見られる既成の住宅地域である。

事例＊31 路地状部分（買収部分）にも転回広場が必要とされた不整形地 217

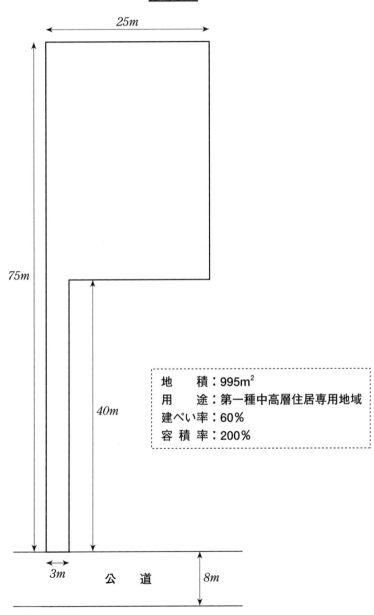

地形図

検 討──広大地判定表

	チェック項目	判 定	備　　考
①	マンション適地基準	×	地　形 周辺環境
②	面積基準	○	標準的規模100㎡〜200㎡ （地価公示地等参照） 市街化区域500㎡以上
③	開発了基準	×	開発未了（駐車場）
④	潰れ地基準	○	可　能
⑤	最有効使用基準	○	戸建分譲地
	広大地判定	◎	広大地該当

　本件土地は，前ページの地形図を見ればわかるように，あまりに路地状部分が長いため，路地状部分（買収部分）にも転回広場が必要になった事案である。

事例＊31 路地状部分（買収部分）にも転回広場が必要とされた不整形地

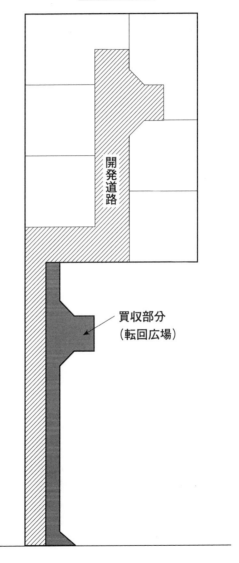

開発想定図

開発道路

買収部分
（転回広場）

公　道

事例＊32

２か所で接道している
コの字型の不整形地

評価対象地の概要

●画地条件

間　口	24m，6m
奥　行	64m
地　積	2,640㎡
用途地域	第一種低層住居専用地域
建ぺい率	60%
容積率	150%
最寄駅距離	1.5km
地　形	二方路地
現況利用	畑

●環境条件

周辺地域は，戸建住宅を中心とする郊外の住宅地域である。

事例＊32 2か所で接道しているコの字型の不整形地　　221

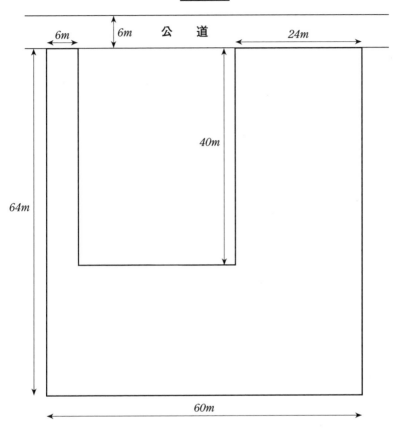

地形図

地　　積：2,640m²
用　　途：第一種低層住居専用地域
建ぺい率：60％
容 積 率：150％

検 討──広大地判定表

	チェック項目	判 定	備　　考
①	マンション適地基準	×	地　形 周辺環境
②	面積基準	○	標準的規模100㎡〜200㎡ （地価公示地等参照） 市街化区域500㎡以上
③	開発了基準	×	開発未了（畑）
④	潰れ地基準	○	可　能
⑤	最有効使用基準	○	戸建分譲地
	広大地判定	◎	広大地該当

　本件土地が存する地域の「開発指導要綱」では，開発道路の幅員は4mであった。西側の路地状部分は幅員6mのため，開発道路の開設後は2mしか残らないことになる。

　役所の担当者にこの点を問い合わせたところ，周辺地域の道路交通事情，開発道路の総延長が長いこと等により，6m全てを開発道路として提供して欲しいとの回答であった。

　調査結果に基づいて作成したのが次ページの開発想定図である。

事例＊32　2か所で接道しているコの字型の不整形地　223

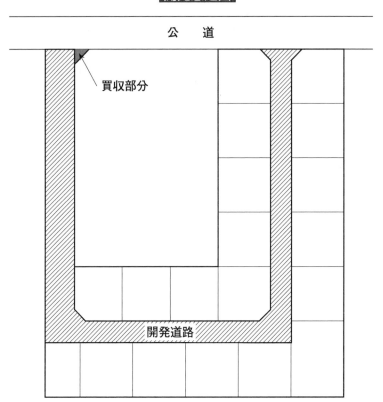

事例*33

変則的に三方路になっている不整形地

評価対象地の概要

● 画地条件

間　口	24m
奥　行	44m
地　積	2,016㎡
用途地域	第一種中高層住居専用地域
建ぺい率	60%
容積率	200%
最寄駅距離	2.0km
地　形	三方路地
現況利用	駐車場

● 環境条件

周辺地域は，戸建住宅，アパートを中心として，駐車場，マンションも見られる住宅地域である。

事例＊33　変則的に三方路になっている不整形地

地形図

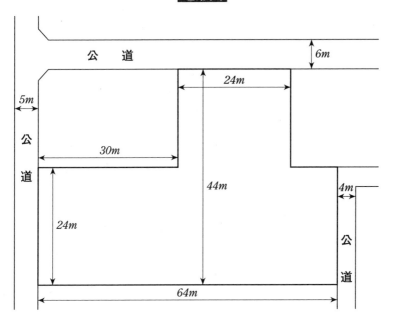

地　積：2,016m²
用　途：第一種中高層住居専用地域
建ぺい率：60%
容積率：200%

検 討 —— 広大地判定表

	チェック項目	判 定	備 考
①	マンション適地基準	×	周辺環境 最寄駅距離
②	面積基準	○	標準的規模100㎡〜200㎡ （地価公示地等参照） 市街化区域500㎡以上
③	開発了基準	×	開発未了（駐車場）
④	潰れ地基準	○	可　能
⑤	最有効使用基準	○	戸建分譲地
	広大地判定	◎	広大地該当

　本件土地のように接道が複数ある場合には，開発計画の策定にあたっては，複数のパターンで検討する必要がある。

　本件土地では，次ページの開発想定図を最終的には採用した。

事例∗33 変則的に三方路になっている不整形地

開発想定図

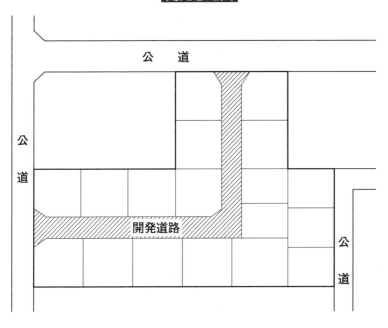

事例＊34

国道の側道沿いに存する土地

評価対象地の概要

●画地条件

  間　口　　24m

  奥　行　　30m

  地　積　　720㎡

  用途地域　第一種低層住居専用地域

  建ぺい率　50％

  容積率　　100％

  最寄駅距離　3.0km

  地　形　　中間地

  現況利用　自宅用地

●環境条件

　周辺地域は，幹線通りに面し，近年になり徐々に形成されてきた新興住宅街である。

事例＊34　国道の側道沿いに存する土地　　229

地形図

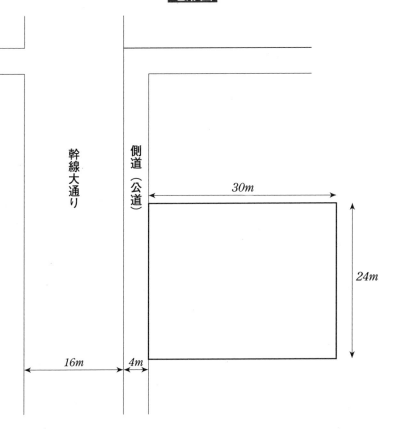

　地　　積：720m²
　用　　途：第一種低層住居専用地域
　建ぺい率：50％
　容 積 率：100％

検　討——広大地判定表

	チェック項目	判　定	備　考
①	マンション適地基準	×	容積率 最寄駅距離
②	面積基準	○	標準的規模100㎡〜200㎡ （地価公示地等参照） 市街化区域500㎡以上
③	開発了基準	×	開発未了（自宅用地）
④	潰れ地基準	○	可　能
⑤	最有効使用基準	○	戸建分譲地
	広大地判定	◎	広大地該当

　本件土地は，駅から遠い戸建住宅街の中にあり，広大地通達の適用について問題はなかった。

　本件土地の区画数は6であるが，仮に本件土地のように幹線道路から分岐してすぐのところに区画数が数十戸の戸建開発を行う場合には，交通の妨げにならないように配慮を行う必要があり，ただでさえ時間と手間がかかる開発計画にさらにもう一手間必要になる（たとえば所轄の警察の要請により，時間帯による一方通行の導入の検討等）ことがありえる。

事例＊34 国道の側道沿いに存する土地

開発想定図

幹線大通り

側道（公道）

開発道路

事例＊35

二項道路に面しているため
セットバックが必要とされる土地

評価対象地の概要

●画地条件

間　口	25m
奥　行	41m
地　積	1,025㎡
用途地域	第一種低層住居専用地域
建ぺい率	50%
容積率	100%
最寄駅距離	1.0km
地　形	中間地
現況利用	自宅用地

●環境条件

周辺地域は，戸建住宅と畑，特に生産緑地が混在している地域であり，評価対象地の向い側も生産緑地となっている郊外の住宅地域である。

事例＊35 二項道路に面しているためセットバックが必要とされる土地

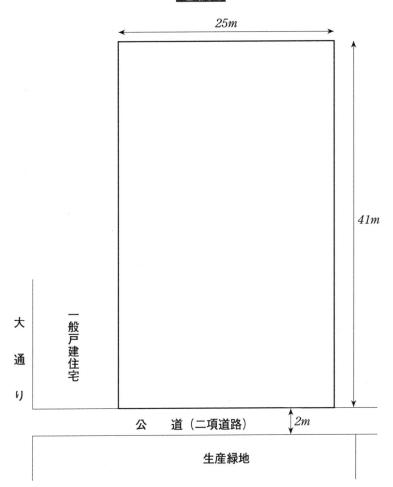

地　積：1,025m²
用　途：第一種低層住居専用地域
建ぺい率：50％
容 積 率：100％

検　討──広大地判定表

	チェック項目	判　定	備　　考
①	マンション適地基準	×	容積率 周辺環境
②	面積基準	○	標準的規模100㎡〜200㎡ （地価公示地等参照） 市街化区域500㎡以上
③	開発了基準	×	開発未了（自宅用地）
④	潰れ地基準	○	可　能
⑤	最有効使用基準	○	戸建分譲地
	広大地判定	◎	広大地該当

　本件土地は，前面道路が二項道路であるため，セットバックが必要になる。セットバックは，道路中心線から2m後退すればよい。

　ところが，本件土地で開発行為を行う場合には，自分の方だけが後退すればよいというわけにはいかなくなることがある。

　開発行為の場合，前面道路は大通りに至るまで幅員4m以上で接続しなければならないとされることがある。

　なお，敷地の前面だけが6m〜8mの幅員になっていて，それ以外は2m〜4mという道路が稀に見受けられる。こういう道路は「へび玉道路」といわれたりする。

　このような道路は安全上，防災上からは好ましいとは言えず，東京都では，建築安全条例第4条第2項の認定対象としない区が多い。

　仮に本件土地が2mのセットバックをして前面道路の幅員を4mに拡げたとしても，大通りまで幅員4m以上の道路で接続しているとは言え

事例＊35　二項道路に面しているためセットバックが必要とされる土地

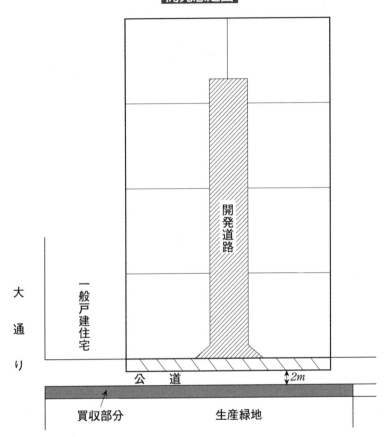

ない。このため，本件土地の向い側にある生産緑地の一部を買収するという手続きが必要になる。しかしながら，その買収のためには生産緑地の解除が前提になる。

　本件土地に広大地通達は問題なく適用できるが，実際問題としてはかなり非現実的である。

事例＊36

高低差がある角地

評価対象地の概要

●画地条件

間　口	55m
奥　行	35m
地　積	1,925㎡
用途地域	第一種低層住居専用地域
建ぺい率	60%
容積率	150%
最寄駅距離	1.0km
地　形	角地
現況利用	畑

●環境条件

評価対象地は，大通りから奥に入った住宅街の一画にある。周辺地域は，戸建住宅が建ち並ぶ住宅地域である。

事例＊36 高低差がある角地

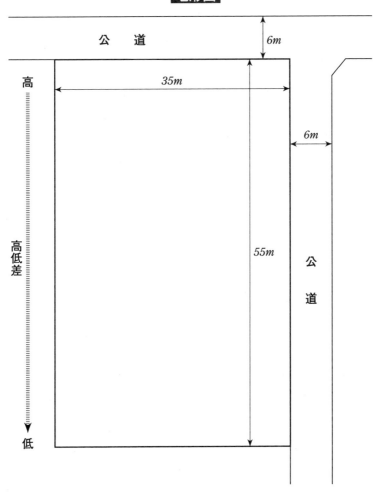

地形図

地　積：1,925m²
用　途：第一種低層住居専用地域
建ぺい率：60％
容 積 率：150％

検 討 ──広大地判定表

	チェック項目	判 定	備 考
①	マンション適地基準	×	容積率 周辺環境
②	面積基準	○	標準的規模100㎡～200㎡ （地価公示地等参照） 市街化区域500㎡以上
③	開発了基準	×	開発未了（畑）
④	潰れ地基準	○	可 能
⑤	最有効使用基準	○	戸建分譲地
	広大地判定	◎	広大地該当

　本件土地の場合も複数のパターンの開発想定図を作成することができる。本件土地では次ページのように3つの開発想定図を作成した。

　仮に本件土地の地勢が平坦であったとすれば、〔パターン1〕や〔パターン2〕でも問題はない。

　しかし、本件土地は斜度が約5度と、かなりの傾きである。

　このような場合、〔パターン2〕では、公道から各画地に行くときは坂道を下っていくため楽であるが、公道に出るときは上っていかなければならない。

　使い勝手、暮らしやすさからみれば、〔パターン3〕が最も良いと考えられる。

　なお、経済的に最も合理的な開発想定図の作成にあたっては、評価対象地の地形、高低差、傾斜地、がけ地等の状況を踏まえて潰れ地の判定をする必要がある。

事例＊36 高低差がある角地

開発想定図

〔パターン1〕　〔パターン2〕

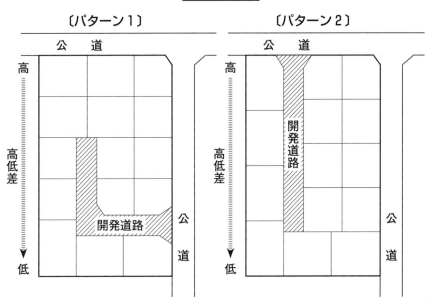

〔パターン3〕

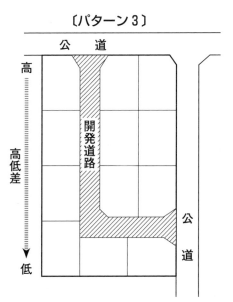

事例＊37

高低差がある中間地

評価対象地の概要

●画地条件

間　口	46m
奥　行	52m
地　積	2,392㎡
用途地域	第一種低層住居専用地域
建ぺい率	50%
容積率	100%
最寄駅距離	1.0km
地　形	中間地
現況利用	畑

●環境条件

周辺地域は，アパート，戸建住宅を中心とする住宅地域である。

事例＊37 高低差がある中間地 241

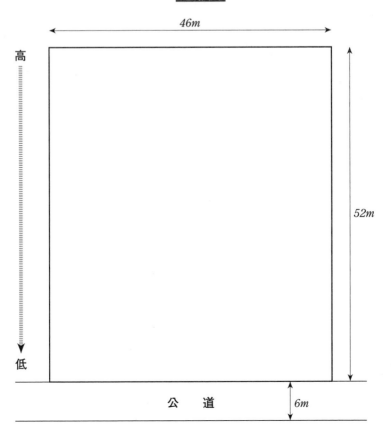

地　　積：2,392m²
用　　途：第一種低層住居専用地域
建ぺい率：50%
容 積 率：100%

検討──広大地判定表

	チェック項目	判定	備考
①	マンション適地基準	×	容積率 周辺環境
②	面積基準	○	標準的規模100㎡〜200㎡ （地価公示地等参照） 市街化区域500㎡以上
③	開発了基準	×	開発未了（畑）
④	潰れ地基準	○	可能
⑤	最有効使用基準	○	戸建分譲地
	広大地判定	◎	広大地該当

本件土地においても，次ページのように2つの開発想定図を作成し，検討した。

本件土地の傾斜はかなり急であり，〔パターン2〕のような開発道路は非常に使いづらいものになってしまう。

〔パターン1〕のような開発道路の配置が現実的と言える。

事例＊37 高低差がある中間地　　243

開発想定図

〔パターン1〕

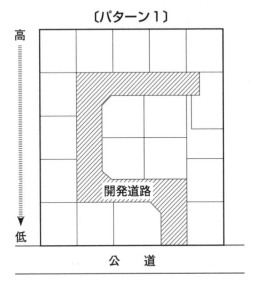

〔パターン2〕

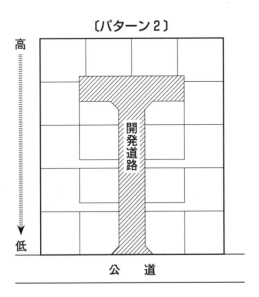

事例＊38

利用方法が戸建分譲住宅とマンション開発に分けて決定されている土地

評価対象地の概要

●画地条件

間　口	50m
奥　行	50m
地　積	2,500㎡
用途地域	第一種中高層住居専用地域
建ぺい率	60%
容積率	200%
最寄駅距離	300m
地　形	二方路地
現況利用	スーパー店舗

●環境条件

周辺地域は，戸建住宅と共同住宅が混在する住宅地域である。

評価対象地は，相続時点では小型スーパー店舗の敷地として利用されていたが，次ページの地形図のように，マンションと戸建住宅に区画割りすることが既に決まっていた。

事例＊38 利用方法が戸建分譲住宅とマンション開発に分けて決定されている土地

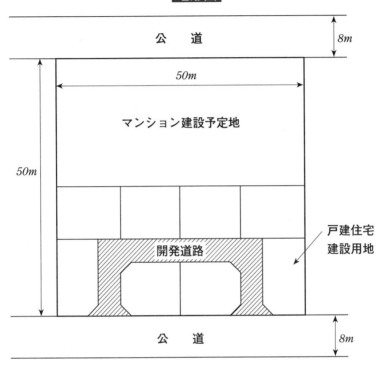

地　　積：2,500m²
用　　途：第一種中高層住居専用地域
建ぺい率：60％
容 積 率：200％

検　討──広大地判定表

	チェック項目	判　定	備　　考
①	マンション適地基準	○	周辺環境
②	面積基準	○	標準的規模100㎡〜200㎡ （地価公示地等参照） 市街化区域500㎡以上
③	開発了基準	×	開発未了（スーパー店舗）
④	潰れ地基準	×	マンション適地
⑤	最有効使用基準	×	マンション適地
	広大地判定	×	広大地不可

　本件土地は，相続人（1人）が全体の土地を相続したが，その後2区画に分割して売却され，各区画には，前ページの地形図のような開発計画が予定された。

　その計画から判断し，本件土地はマンション適地であり，潰れ地は発生しないことから広大地通達の適用を断念した。

事例＊39

行政指導により公園用地（緑地）を無償で提供するように求められた土地

評価対象地の概要

● 画地条件

間　口	90m
奥　行	54m
地　積	4,860㎡
用途地域	第一種中高層住居専用地域
建ぺい率	60%
容積率	200%
最寄駅距離	1.2km
地　形	中間地
現況利用	畑

● 環境条件

　周辺地域は，県道沿いの戸建住宅が中心の地域であり，畑，駐車場等の空地，小規模店舗，作業所等が散見される程度である。

　共同住宅はほとんど見あたらず，戸建開発が進んでいる新興住宅地である。

地形図

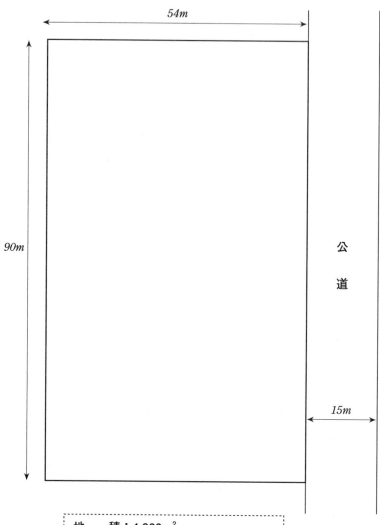

地　　積：4,860m²
用　　途：第一種中高層住居専用地域
建ぺい率：60%
容 積 率：200%

事例＊39 行政指導により公園用地(緑地)を無償で提供するように求められた土地

検 討 ──広大地判定表

チェック項目		判 定	備　　考
①	マンション適地基準	×	規　模 周辺環境
②	面積基準	○	標準的規模100㎡〜200㎡ （地価公示地等参照） 市街化区域500㎡以上
③	開発了基準	×	開発未了（畑）
④	潰れ地基準	○	可　能
⑤	最有効使用基準	○	戸建分譲地
広大地判定		◎	広大地該当

　通常，開発区域の面積が3,000㎡を超える場合は，居住環境および街の景観の向上と，災害防止および避難活動の用を目的として，一定割合以上（3％以上とされることが多い）を公園（緑地）用地として無償で提供することが求められる。

　本件土地は3,000㎡を超えているので，緑地の提供が必要である。当該地域では3％以上の提供が必要であった（4,860㎡×3％＝145.8㎡）。145.8㎡というと，約12m四方である。個人住宅には十分な広さといえるが，公園用地としてはいささか狭い。

　そこで，役所（開発部局）の担当者は，次ページの開発想定図のように，大通り沿いに花壇を3か所設けるという案を提示してきた。このように花壇を配置することによって，公道の車両騒音も緩和されることとなる。

開発想定図

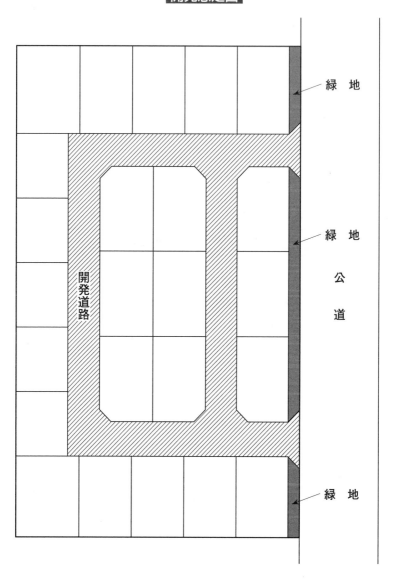

事例＊40

取付道路が必要とされた無道路地

評価対象地の概要

● 画地条件

　　間　口　　26m
　　奥　行　　45m
　　地　積　　1,170㎡
　　用途地域　第一種低層住居専用地域
　　建ぺい率　60％
　　容積率　　150％
　　最寄駅距離　1.5km
　　地　形　　無道路地
　　現況利用　畑

● 環境条件

　周辺地域は，戸建住宅と畑等が混在する地域である。

　本件土地は，建築基準法に該当しない私道にしか接していない無道路地である。

広大地の税務評価事例

地形図

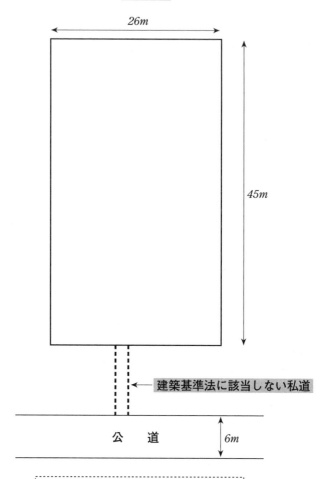

地　積：1,170m²
用　途：第一種低層住居専用地域
建ぺい率：60%
容積率：150%

検　討──広大地判定表

	チェック項目	判　定	備　　考
①	マンション適地基準	×	容積率 最寄駅距離 地　形
②	面積基準	○	標準的規模100㎡〜200㎡ （地価公示地等参照） 市街化区域500㎡以上
③	開発了基準	×	開発未了（畑）
④	潰れ地基準	○	可　能
⑤	最有効使用基準	○	戸建分譲地
	広大地判定	◎	広大地該当

　本件土地は無道路地であるので，取付道路が必要となる。

　取付道路とは，簡単に言えば，新設される建物などと既存の道路を結ぶための道路である（次ページの開発想定図を参照）。

　なお，建築基準法に該当しない私道のなかには，区道，市道等の公道でありながら，建築基準法上は道路とは扱われないケースも存在するので，現地確認，役所調査等の際には注意が必要である。

広大地の税務評価事例

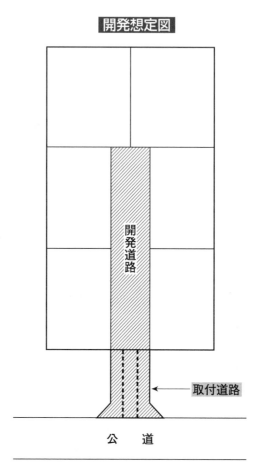

事例＊41

水路占用許可が必要とされた無道路地

評価対象地の概要

● 画地条件

間　口	36m
奥　行	50m
地　積	1,800㎡
用途地域	第一種低層住居専用地域
建ぺい率	50％
容積率	100％
最寄駅距離	500m
地　形	中間地
現況利用	畑

● 環境条件

周辺地域は，戸建住宅が建ち並ぶ住宅地域である。

地形図

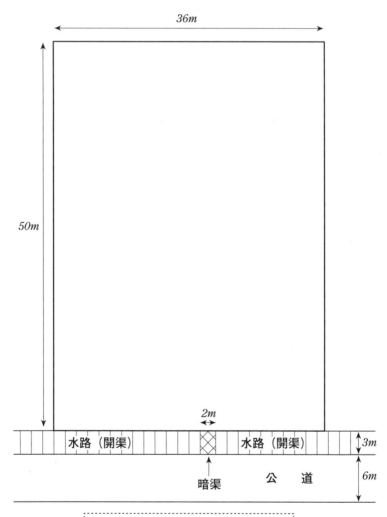

事例＊41　水路占用許可が必要とされた無道路地

検　討——広大地判定表

チェック項目		判　定	備　　考
①	マンション適地基準	×	容積率 地　形 周辺環境
②	面積基準	○	標準的規模100㎡〜200㎡ （地価公示地等参照） 市街化区域500㎡以上
③	開発了基準	×	開発未了（畑）
④	潰れ地基準	○	可　能
⑤	最有効使用基準	○	戸建分譲地
広大地判定		◎	広大地該当

　本件土地のように，区画割りの戸建分譲を前提とした開発行為を行うとした場合は，当然のことながら開発道路の開設が必要となる。

　この場合，次ページの開発想定図のように，通路として水路に橋・蓋等を設置しなければならず，そのためには水路占用許可（河川水路占用許可等，名称は様々である）を受ける必要がある。

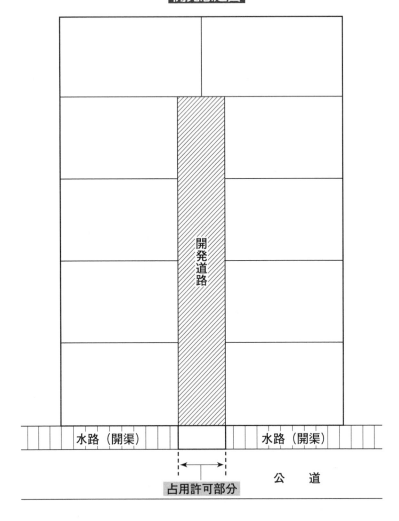

事例＊42

市街地農地と生産緑地を一体で利用している土地

評価対象地の概要

● 画地条件

間　口	25m
奥　行	40m
地　積	1,000㎡
用途地域	第一種低層住居専用地域
建ぺい率	50%
容積率	100%
最寄駅距離	1.5km
地　形	中間地
現況利用	畑

● 環境条件

周辺地域は，戸建住宅，アパート，農家住宅等が混在し，畑等の農地も見られる郊外の住宅地域である。

評価対象地は，市街地農地と生産緑地を一体で利用している。

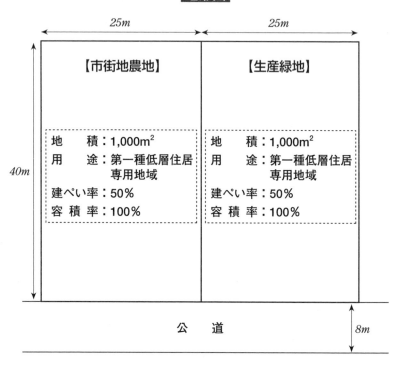

事例＊42　市街地農地と生産緑地を一体で利用している土地

[検 討]──広大地判定表

チェック項目	判 定	備　考
① マンション適地基準	×	容積率 周辺環境
② 面積基準	○	標準的規模100㎡〜200㎡ （地価公示地等参照） 市街化区域500㎡以上
③ 開発了基準	×	開発未了（畑）
④ 潰れ地基準	○	可　能
⑤ 最有効使用基準	○	戸建分譲地
広大地判定	◎	広大地該当

　本件土地の場合，外見上いくら一体に見えたとしても，財産評価基本通達40-3《生産緑地の評価》に規定されているように，生産緑地と一般の農地は区分して評価するため，一体で評価することはできない。

　これは1画地の概念の問題であり，一体評価は出来ないからである。

　したがって，次ページの〔パターン1〕のような開発想定をすることはできず，〔パターン2〕のようにならざるを得ない。

　〔パターン2〕は，甲，乙の2区画に分割して，広大地を検討した。なお，乙区画については，生産緑地の評価減を行った。

開発想定図

〔パターン1〕

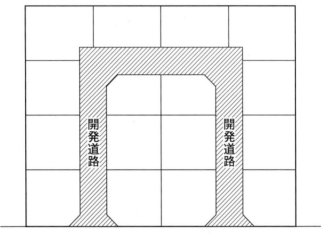

〔パターン2〕

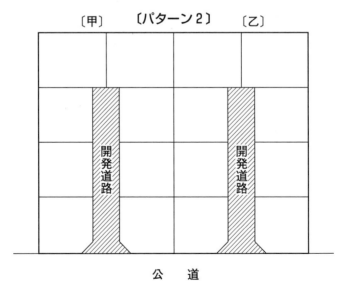

事例＊42　市街地農地と生産緑地を一体で利用している土地　263

判定メモ

《生産緑地の評価減について》

　生産緑地については，利用が制限されるなどの特殊性を考慮して，次に掲げる割合が控除されることになっています。

①課税時期において買取り申出中又は買取り申出が可能な生産緑地：
　減額割合5％
②課税時期において買取り申出ができない生産緑地
　→次のそれぞれの割合

買取り申出ができることとなる日までの期間	減額割合
5年以下	10％
5年を超え10年以下	15％
10年を超え15年以下	20％
15年を超え20年以下	25％
20年を超え25年以下	30％
25年を超え30年以下	35％

生産緑地等
- 行為制限期間中であるため，買取りの申出ができない生産緑地　　生産緑地でないものとした価額 × $\left(1-\text{買取りの申出ができない期間に応じた割合}\right)$ ＝評価額
- 行為制限期間が満了し，又は従事者の死亡により買取りの申出をしている生産緑地又は買取りの申出をすることができる生産緑地　　生産緑地でないものとした価額 × $\left(1-\dfrac{5}{100}\right)$ ＝評価額
- 買取りの申出から3ヶ月を経過し，行為制限が解除された生産緑地　　生産緑地でないものとした価額

（『図解・都市農地の新制度活用と相続対策』今仲清，下地盛栄著，清文社より）

事例＊43

著しく不整形で区画割りが困難な土地

評価対象地の概要

● 画地条件

間　口	20m
奥　行	50m
地　積	1,830㎡
用途地域	第一種低層住居専用地域
建ぺい率	50%
容積率	100%
最寄駅距離	2.0km
地　形	中間地
現況利用	畑

● 環境条件

　周辺地域は，旧来は農家住宅等が中心の畑が多い地域であったが，鉄道の新線が開通したことから，近年は戸建住宅開発が多くみられる住宅地域である。

　また，付近には小規模な賃貸アパート等はあるものの，分譲マンションは存していない。

事例＊43 著しく不整形で区画割りが困難な土地

地形図

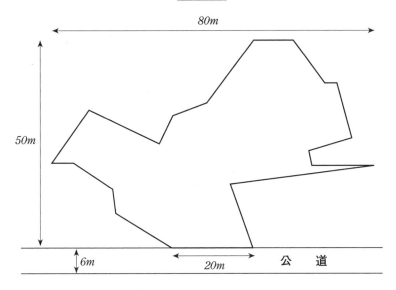

```
地　　積：1,830m²
用　　途：第一種低層住居専用地域
建ぺい率：50％
容 積 率：100％
```

検　討——広大地判定表

	チェック項目	判　定	備　　考
①	マンション適地基準	×	容積率 最寄駅距離
②	面積基準	○	標準的規模100㎡〜200㎡ （地価公示地等参照） 市街化区域500㎡以上
③	開発了基準	×	開発未了（畑）
④	潰れ地基準	○	可　能
⑤	最有効使用基準	○	戸建分譲地
	広大地判定	◎	広大地該当

結論から言えば、広大地通達の適用は可能である。

本件土地は大規模工場用地ではない。

また、容積率が100％であること、付近には賃貸アパートはあるものの、分譲マンションはないこと等から、マンション適地とは言えない。

そして、三大都市圏の市街化区域であるため、その地域における標準的な宅地の地積に比して著しく広大であるという条件も満たしている。

ここで問題になるのは、開発行為を行うとした場合、道路や公園等の公共公益的施設用地の負担が必要と認められる敷地かどうかという点である。

本件土地は不整形地であるため、戸建分譲地として区画割りを想定すると、次ページのような開発想定図になる。

事例＊43 著しく不整形で区画割りが困難な土地　　*267*

開発想定図

開発道路

公　道

事例＊44

隣接地との事情により開発道路が必要とされた土地

評価対象地の概要

● 画地条件

　間　口　　　25m
　奥　行　　　40m
　地　積　　　1,000㎡
　用途地域　　第一種中高層住居専用地域
　建ぺい率　　60%
　容積率　　　200%
　最寄駅距離　1.0km
　地　形　　　角地
　現況利用　　駐車場

● 環境条件

　周辺地域は，戸建住宅（敷地延長による分譲開発，区画割りも見受けられる）が建ち並び，低層の賃貸共同住宅，駐車場等が散見される住宅地域である。

事例＊44 隣接地との事情により開発道路が必要とされた土地

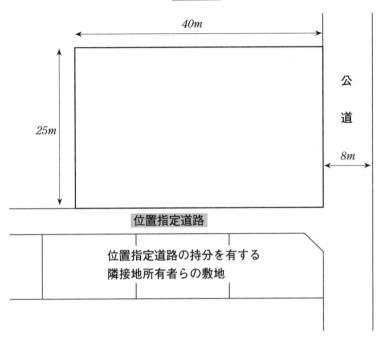

検 討 ──広大地判定表

	チェック項目	判 定	備 考
①	マンション適地基準	×	容積率 周辺環境 最寄駅距離
②	面積基準	○	標準的規模100㎡〜200㎡ 市街化区域500㎡以上
③	開発了基準	×	開発未了（駐車場）
④	潰れ地基準	○	可 能
⑤	最有効使用基準	○	戸建分譲地
	広大地判定	◎	広大地該当

　本件土地は，東側で8mの公道に等高で接面し，南側に位置指定道路があり，角地のようにも見える。だが，当該位置指定道路は道路南側の敷地所有者らが所有しており，本件土地の所有者は持分を全く有していない。このため，本件土地の所有者は位置指定道路を使用することができず（位置指定道路の所有者らから使用を拒否されている状況下であった），位置指定道路側には出入口は存在せず，東側の公道のみを生活道路として利用している状況であった。

　仮に南側の位置指定道路を利用することができるなら，敷地延長による区画割りが可能となり，公共公益的施設用地のための潰れ地は生じないこととなり，広大地通達は適用できないことになる。

　しかしながら，本件土地では南側の位置指定道路を使用することはできない。かかる状況下では，次ページのような戸建開発の想定が最も合理的である。したがって，広大地通達の適用が可能となった事例である。

事例＊44 隣接地との事情により開発道路が必要とされた土地

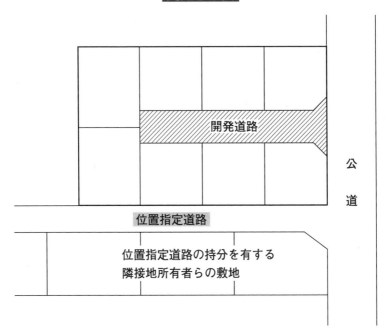

事例＊45

戸建分譲住宅が最有効使用であるとされた高圧線下地

評価対象地の概要

●画地条件

間　口	20m
奥　行	40m
地　積	800㎡
用途地域	第一種住居地域
建ぺい率	60%
容積率	300%
最寄駅距離	500m
地　形	中間地
現況利用	駐車場

●環境条件

周辺地域は，駅から近く，容積率が300％あることから，8階建程度のマンションが多い地域である。

評価対象地の北西側には高圧線の鉄塔があり，地上高さ約20mのところに160,000Vの高圧線が通っている。評価対象地の大部分は高圧線下地になっており，10mを超える建物の建築は禁止であり，制限区域内では2階建以上の建物の建築は困難である。

事例＊45　戸建分譲住宅が最有効使用であるとされた高圧線下地　　273

地形図

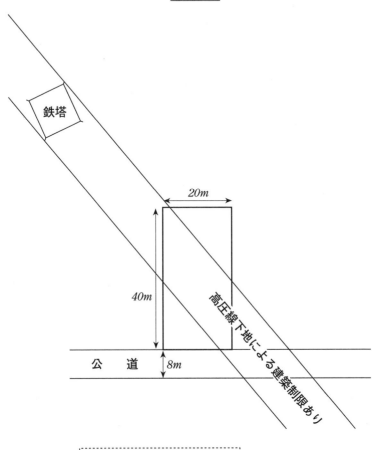

```
地　　積：800m²
用　　途：第一種住居地域
建ぺい率：60％
容 積 率：300％
```

検 討 ──広大地判定表

	チェック項目	判定	備考
①	マンション適地基準	×	高圧線による建築制限
②	面積基準	○	標準的規模100㎡〜200㎡ （地価公示地等参照） 市街化区域500㎡以上
③	開発了基準	×	開発未了（駐車場）
④	潰れ地基準	○	可　能
⑤	最有効使用基準	○	戸建分譲地
	広大地判定	◎	広大地該当

　本件土地は整形地であり、建ぺい率の消化は容易である。容積率の消化率は40％（＝（480㎡×2）÷（800㎡×3））であり、一般的な第一種低層住居専用地域の容積率（80％〜150％）の半分以下になっていることがわかる。

　一方、戸建分譲住宅を想定した場合は、276ページのような開発想定図(B)となる。この場合であっても、個々の画地での使用可能容積率は40％程度となることに変わりはない。

　このような場合は、鑑定評価の開発法という手法によって、どちらが投資採算性があるかが判断できる。

　その結果、本件土地の場合は、以下の通り、戸建分譲開発の方が土地価格は高いことから、戸建分譲住宅が最有効使用であり、公共公益的施設用地（開発道路）が発生する土地であることから、広大地通達が適用できる。

　　　{ 2階建マンションを想定した価格：100,000,000円
　　　{ 戸建分譲住宅を想定した価格　　：150,000,000円

事例＊45　戸建分譲住宅が最有効使用であるとされた高圧線下地　275

開発想定図（A）

《2階建マンションを想定した場合》

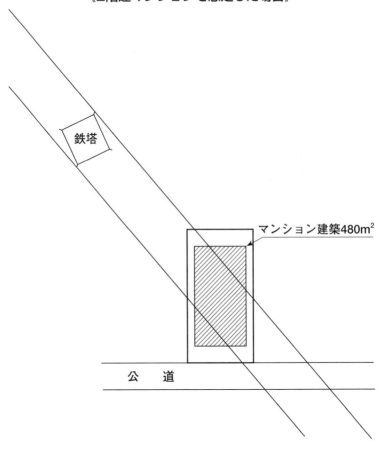

開発想定図 (B)

《戸建分譲住宅を想定した場合》

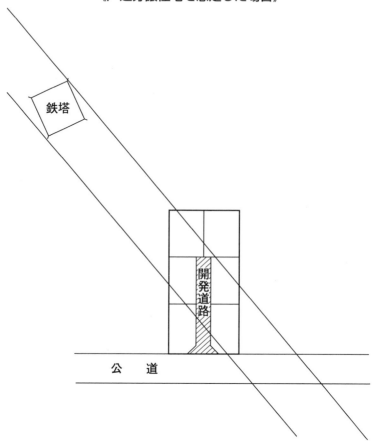

事例 ＊46

仮換地案の容積率は300％であるが，従前地の容積率は100％である区画整理事業中の土地

評価対象地の概要

● 画地条件

間　口	30m
奥　行	90m
地　積	2,700㎡
用途地域	第一種低層住居専用地域
建ぺい率	60％
容積率	100％
最寄駅距離	1.5km
地　形	中間地
現況利用	山林

● 環境条件

　周辺地域は区画整理事業中であり，一部では造成事業等も行われているものの，予算の都合上，事業計画を修正しており，計画はかなり遅延している状況である。

　本件土地は，区画整理前は山林であり，旧来は市街化調整区域であったが，土地区画整理事業区域内となったため，第一種低層住居専用地域，容積率100％に指定されている。

地形図

《従前地の概要》

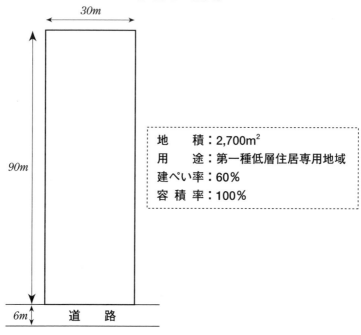

地　　積：2,700m²
用　　途：第一種低層住居専用地域
建ぺい率：60%
容 積 率：100%

《仮換地案による概要》

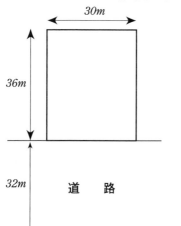

地　　積：1,080m²
用　　途：近隣商業地域
建ぺい率：60%
指定容積率：300%

事例＊46　仮換地案の容積率は300％であるが，従前地の容積率は100％である区画整理事業中の土地

なお，仮換地の指定も，使用収益の開始時期も決定されていないが，仮換地案が地権者に示されている状況である。

それによると，本件土地は，減歩率が60％と周辺に比べてかなり大きいものの，近隣商業地域，容積率300％の店舗，事務所用地としての換地が予定されている。

検 討──広大地判定表

	チェック項目	判 定	備　　考
①	マンション適地基準	×	土地区画整理事業区域内
②	面積基準	○	標準的規模100㎡〜200㎡ （地価公示地等参照） 市街化区域500㎡以上
③	開発了基準	×	開発未了（山林）
④	潰れ地基準	○	可　能
⑤	最有効使用基準	○	戸建分譲地
	広大地判定	◎	広大地該当

　278ページの地形図のように，換地後の土地の状態が相続開始時の状態であれば，いわゆる「郊外路線商業地域」（都市の郊外の幹線道路（国道，都道府県道等）沿いにおいて，店舗，営業所等が連たんしているような地域）に存する敷地であって，容積率が300％であることからも，最有効使用は中層共同住宅，店舗付中層共同住宅等になると考えられ，当然のことながら広大地通達の適用はない。

　しかし，本件土地は，相続開始時点では仮換地指定前であることから，税務評価においては従前地評価となり，次ページの開発想定図のように，相続開始時点では戸建分譲開発が最有効使用であり，広大地通達の適用がある。

　ここで，現実に本件土地で戸建分譲開発ができるかということに言及しよう。本件土地は土地区画整理事業区域内にあり，現在の形状から大きく変更されることから，土地区画整理法による建築制限（法第76条）がかかり，開発自体は難しい点もある。

事例＊46 仮換地案の容積率は300％であるが，従前地の容積率は100％である区画整理事業中の土地

開発想定図

《相続開始時点における開発想定図》

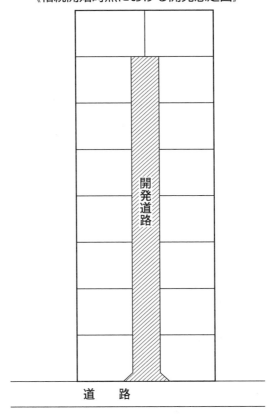

 しかし，土地区画整理前は市街化調整区域の地域であり，原則として，建築物は建築できない敷地であった。そして，土地区画整理を行うために市街化区域に編入されていること，従前地評価ということから，土地区画整理法の建築制限は考慮外として，広大地通達の適否を判定すべきである。

事例＊47

県道沿いに入口はあるが、店舗敷地としては使用できない土地

評価対象地の概要

● 画地条件

間口	30m
奥行	30m
地積	900㎡
用途地域	第一種住居地域
建ぺい率	60％
容積率	200％
最寄駅距離	2.0km
地形	中間地
現況利用	畑、農家住宅

● 環境条件

周辺地域は、県道沿いの地域であるが、数年前に都市計画道路が完成したばかりで、店舗や営業所等が点在する程度であり、旧来からの農家住宅が多くみられる地域である。県道沿いに戸建住宅の開発は見られない地域である。

事例＊47 県道沿いに入口はあるが，店舗敷地としては使用できない土地

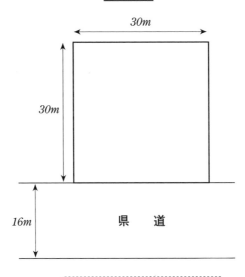

地形図

30m
30m
16m
県　　道

地　　積：900m²
用　　途：第一種住居地域
建ぺい率：60%
容 積 率：200%

検 討──広大地判定表

	チェック項目	判 定	備 考
①	マンション適地基準	×	最寄駅距離 周辺環境
②	面積基準	×	標準的規模800㎡～1,000㎡ 市街化区域500㎡以上
③	開発了基準	×	開発未了（農家住宅）
④	潰れ地基準	○	なし
⑤	最有効使用基準	○	農家住宅
広大地判定		×	広大地不可

　まず，農家住宅の敷地として利用されている場合は，標準的な地積に比して著しく広大か否かが問題になる。

「17年情報」に次の記述がある。

　「なお，開発許可面積基準以上であっても，その面積が地域の標準的な規模である場合は，当然のことながら，広大地に該当しない。

　（注）　著しく広大であるかどうかの判定は，当該土地上の建物の有無にかかわらず，当該土地の規模により判定することに留意する。」

　このことから，現状の農家住宅の敷地の面積が周辺地域の標準的規模であるか否かが問題になる。評価対象地の周辺地域は農家住宅が多く，その規模を標準的とみれば，著しく広大ではないことになる。

　また，標準的使用を現状の農家住宅ではなく，将来の動向を考えた判定をすれば，県道沿いにあることから，店舗や事業所であり，やはり現在の規模が地域の標準的使用と判断される。したがって，標準的規模から広大地通達の適用は断念した事例である。

事例＊48

ほぼ中央部分に赤道が介在している土地

評価対象地の概要

● **画地条件**

間　口	25m
奥　行	40m
地　積	1,000㎡
用途地域	第一種中高層住居専用地域
建ぺい率	60%
容積率	200%
最寄駅距離	1.0km
地　形	中間地
現況利用	駐車場

● **環境条件**

　周辺地域は，低層の賃貸共同住宅は散見されるが，分譲型の共同住宅はほとんど見受けられない熟成度の低い住宅地域である。

地形図

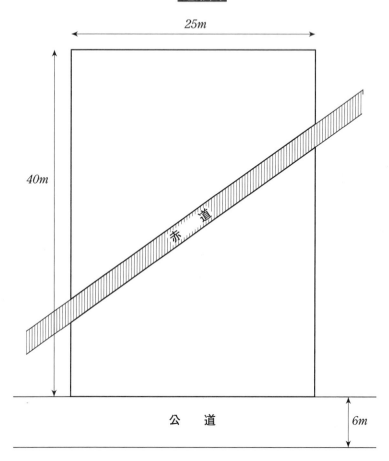

地　　積：1,000m²
用　　途：第一種中高層住居専用地域
建ぺい率：60％
容 積 率：200％

事例＊48 ほぼ中央部分に赤道が介在している土地

検　討──広大地判定表

	チェック項目	判　定	備　　　　考
①	マンション適地基準	×	周辺環境
②	面積基準	○	標準的規模100㎡～200㎡ （地価公示地等参照） 市街化区域500㎡以上
③	開発了基準	×	開発未了（駐車場）
④	潰れ地基準	○	可　能
⑤	最有効使用基準	○	戸建分譲地
	広大地判定	◎	広大地該当

　本件土地は，間口25m，奥行40m，地積1,000㎡の中間画地で2筆から成り，そのほぼ中央部分には北東方から南西方に赤道が介在しており，それぞれ460㎡程度に分断されている。

　なお，「赤道」とは，農地等の耕作に必要な通路として設けられた道等（道路法または建築基準法等の法律に規定する道路には該当しない認定外のもの）をいい，「赤線」とも呼ばれる。

　赤道は国有地であり，現況においては道路や通路としての形態および機能を具備していないとしても，法律上は，原則として所有者（国等）以外の者が当該土地を利用，処分等をすることは認められない。したがって，原則論では，本件土地は2つに分けて評価を行うことになる。

　しかしながら，現実には，道としての形態および機能を有しておらず，当該赤道の隣接地と一体として利用されている場合には，現実の利用状況を重視して，国有財産の管理および防災，他の土地の利用上の阻害等の諸観点から問題がない限り，一般的には払下げが認められてい

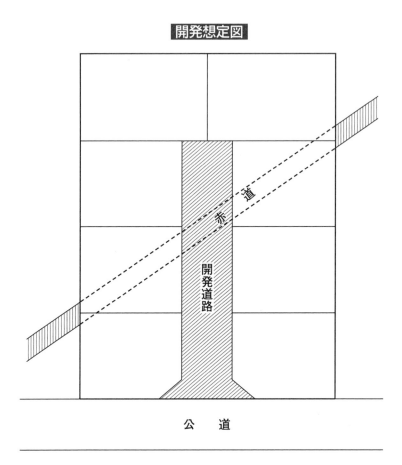

る。このような場合には、2筆と赤道を一体のものとして評価することが相当である。

　所有権に固執して2筆に分けて評価するとすれば、奥の土地は無道路地として評価することになるが、当該土地を無道路地として評価することは財産評価における合理性がないと考えられるからである。

　とするならば、一体として評価することになり、本件土地の規模・形状からして、当然に広大地通達の適用が可能である。

事例＊49

条件付きで開発が可能とされた土地

評価対象地の概要

● **画地条件**

間　口	11m
奥　行	30m
地　積	655㎡
区域区分	市街化調整区域
用途地域	無指定
建ぺい率	70%
容積率	300%
最寄駅距離	1.9km
地　形	中間地
現況利用	自宅用地

● **環境条件**

周辺地域は，郊外の市街化調整区域内に農家住宅，畑，果樹畑，戸建住宅等が散在する住宅地域である。

290 広大地の税務評価事例

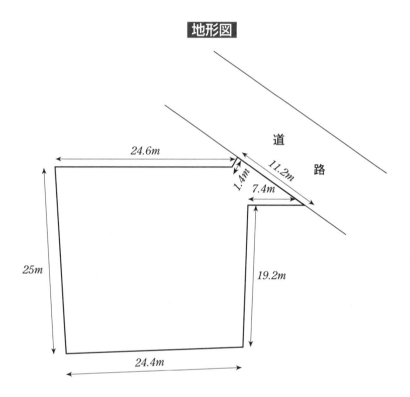

地形図

地　　積：655m²
区域区分：市街化調整区域
用途地域：無指定
建ぺい率：70%
容　積　率：300%

事例＊49 条件付きで開発が可能とされた土地

検　討──広大地判定表

	チェック項目	判　定	備　考
①	マンション適地基準	×	容積率 最寄駅距離 周辺環境
②	面積基準	○	標準的規模200㎡〜300㎡ （地価公示地等参照） 市街化区域500㎡以上
③	開発了基準	×	開発未了（自宅用地）
④	潰れ地基準	○	可　能
⑤	最有効使用基準	○	戸建分譲地
	広大地判定	◎	広大地該当

　本件土地は，市街化調整区域内に存在する自宅用地であり，戸建分譲は可能となる宅地である。

　開発においては，進入路を買収する必要があるが，その一部分は隣地の宅地となっており，塀が存在し，現実的には買収は難しい状態となっていた。

　しかし，広大地の判定はあくまでも机上評価であり，条件付きで開発が可能であれば広大地通達の適用があるものとして所轄税務署と協議を行った。

　その結果，完全に開発が不可であれば広大地通達の適用はないものと考えられるが，条件付きで開発が可能であれば認めることとされた。

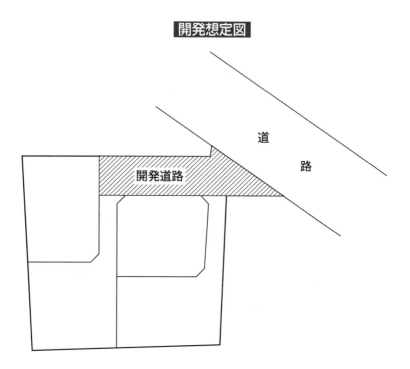

事例＊50

開発にあたって道路用地を買収しなければならない土地

評価対象地の概要

● 画地条件

間　口	11m
奥　行	76m
地　積	1,617㎡
用途地域	第一種低層住居専用地域
建ぺい率	50%
容積率	100%
最寄駅距離	2.4km
地　形	中間地
現況利用	自宅用地

● 環境条件

周辺地域は，一般住宅，アパート等が多く，畑もみられる郊外の住宅地域である。

地形図

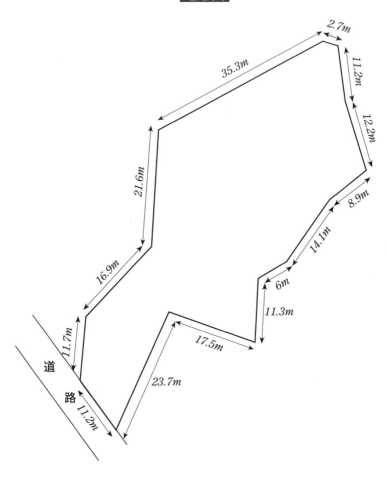

地　積：1,617m²
用途地域：第一種低層住居専用地域
建ぺい率：50%
容積率：100%

事例＊50 開発にあたって道路用地を買収しなければならない土地

検　討——広大地判定表

	チェック項目	判　定	備　考
①	マンション適地基準	×	容積率 最寄駅距離 周辺環境
②	面積基準	○	標準的規模100㎡〜200㎡ （地価公示地等参照） 市街化区域500㎡以上
③	開発了基準	×	開発未了（自宅用地）
④	潰れ地基準	○	可　能
⑤	最有効使用基準	○	戸建分譲地
	広大地判定	◎	広大地該当

これも道路条件が問題となった事案である。

公道から相当奥に入った現況3mの私道に面する不整形な土地となっている。

開発するには，公道から4.5mの道路を開設する必要があり，そのためには，数人の地権者が所有している土地を道路用地として買収し，本件土地を開発する必要がある。

この場合においても，広大地通達の判定は机上による開発であり，条件付きで開発が可能で，広大地通達の要件に当てはまれば，広大地に該当するとの判断がなされた。

開発想定図

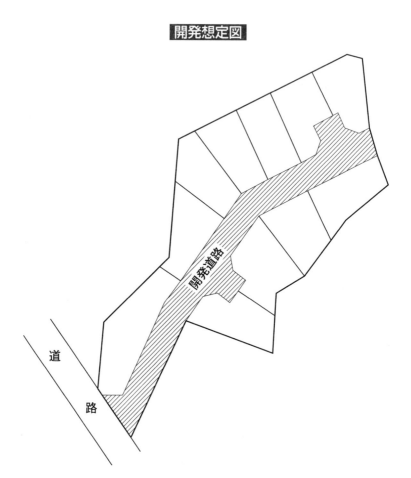

事例＊51

進入路が開発道路として認められた土地

評価対象地の概要

● 画地条件

　間　口　　8 m
　奥　行　　90m
　地　積　　1,318㎡
　用途地域　第一種低層住居専用地域
　建ぺい率　50％
　容積率　　80％
　最寄駅距離　1.8km
　地　形　　中間地
　現況利用　駐車場

● 環境条件

　周辺地域には農家住宅，戸建住宅，アパート等がみられ，畑も介在する郊外の住宅地域である。

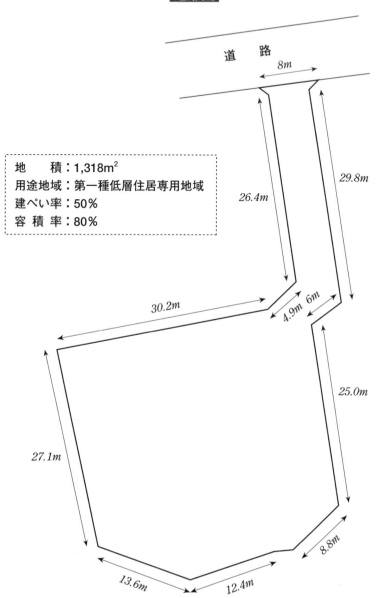

事例＊51 進入路が開発道路として認められた土地

|検 討|──広大地判定表

	チェック項目	判 定	備　　考
①	マンション適地基準	×	容積率 最寄駅距離 周辺環境
②	面積基準	○	標準的規模300㎡〜500㎡ （地価公示地等参照） 市街化区域500㎡以上
③	開発了基準	×	開発未了（駐車場）
④	潰れ地基準	○	可　能
⑤	最有効使用基準	○	戸建分譲地
	広大地判定	◎	広大地該当

　この事例も道路条件が問題となった土地である。

　進入路は，複数の地権者が使用している私道となっていた。

　この場合は，進入路に特定路線価を付けて評価すべきであるが，駐車場としての進入路であることから，その進入路を開発道路として広大地通達の判定をすることの是非を協議したところ，その考え方で了解を得た事例である。

開発想定図

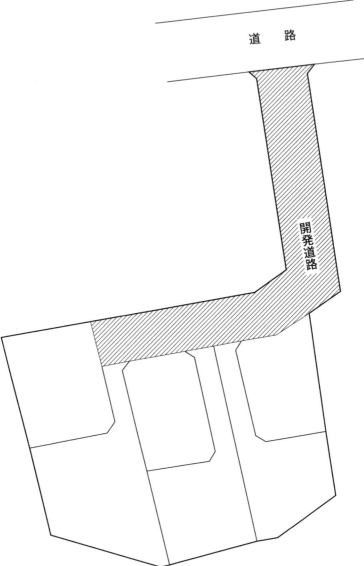

事例＊52
現に賃貸アパートが建っており，開発法の試算による意見書を添付して更正の請求をした土地

評価対象地の概要

●画地条件

間　口	25m
奥　行	40m
地　積	739㎡
用途地域	第一種低層住居専用地域
建ぺい率	50%
容積率	80%
最寄駅距離	2.2km
地　形	中間地
現況利用	鉄骨3階建アパート

●環境条件

周辺地域は，一般住宅，アパート，畑等が混在する郊外の住宅地域である。

広大地の税務評価事例

地形図

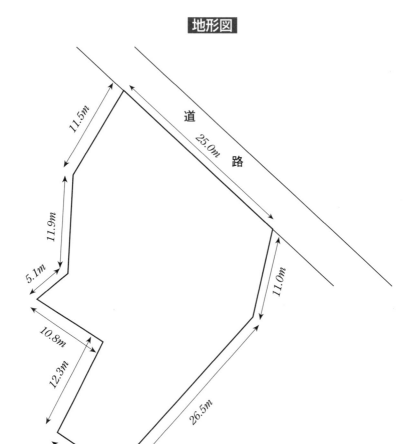

地　　積：739m²
用途地域：第一種低層住居専用地域
建ぺい率：50％
容 積 率：80％

事例＊52 現に賃貸アパートが建っており，開発法の試算による意見書を添付して更正の請求をした土地

検 討 ──広大地判定表

	チェック項目	判 定	備 考
①	マンション適地基準	×	容積率 最寄駅距離 周辺環境
②	面積基準	○	標準的規模200㎡～300㎡ （地価公示地等参照） 市街化区域500㎡以上
③	開発了基準	○	開発了（賃貸アパート）
④	潰れ地基準	○	可　能
⑤	最有効使用基準	○	戸建分譲地
	広大地判定	◎	広大地該当

　本件土地上には鉄骨3階建アパートが建っており，満室となっていた。
　「16年情報」では，建物が建っていても，建物がない状態で広大地通達の判定をすることとなっている。いわゆる最有効使用は何かがポイントとなっている。
　本件土地の最有効使用は戸建分譲か賃貸アパートかを検討した結果，最寄駅距離が2.2kmとバス圏に所在しており，戸建分譲を開発する土地価格の方が，土地を取得して賃貸アパートを建築する土地価格よりも経済的合理性があるとの判定となった。
　そうすると，現存の賃貸アパートをどのように考えればよいであろうか。地主が自分の土地に建てているからアパート経営ができるのであって，新規に土地を取得してアパート経営をするのは無理と思われる。これは，郊外のバス圏の住宅地でよく見かけるケースである。

開発想定図

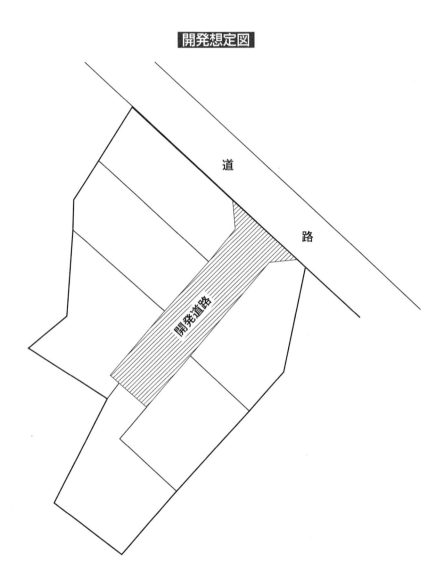

　この場合について，開発法の試算による意見書を添付して更正の請求を行った結果，広大地通達の適用が認められた。

事例＊53
現に賃貸アパートが建っており，経済的合理性から判断して広大地通達が適用された土地

評価対象地の概要

● **画地条件**

間　口	24m
奥　行	30m
地　積	625㎡
用途地域	第一種低層住居専用地域
建ぺい率	40％
容積率	100％
最寄駅距離	2.2km
地　形	中間地
現況利用	鉄骨2階建アパート

● **環境条件**

周辺地域は，一般住宅，アパート，畑等が混在する郊外の新興住宅地域である。

地形図

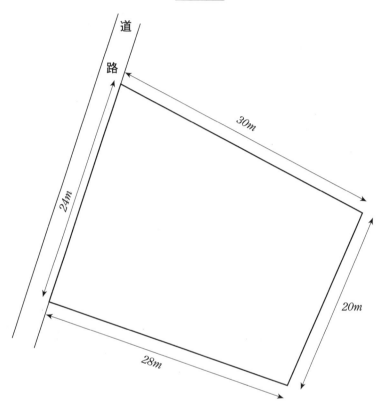

地　　積：625m²
用途地域：第一種低層住居専用地域
建ぺい率：40%
容　積　率：100%

事例＊53 現に賃貸アパートが建っており，経済的合理性から判断して広大地通達が適用された土地

検討──広大地判定表

	チェック項目	判定	備考
①	マンション適地基準	×	容積率 最寄駅距離 周辺環境
②	面積基準	○	標準的規模100㎡～200㎡ （地価公示地等参照） 市街化区域500㎡以上
③	開発了基準	×	開発未了（賃貸アパート）
④	潰れ地基準	○	可能
⑤	最有効使用基準	○	戸建分譲地
	広大地判定	◎	広大地該当

　前例と同様なケースであり，鉄骨2階建アパートが建っており，満室となっていた。

　前例と同じように，本件土地の最有効使用は戸建分譲か賃貸アパートかを検討した結果，最寄駅距離が2.2kmとバス圏に所在しており，新規に土地を取得して賃貸アパートを建築することは経済的合理性に合わないと判断された。

① 区画割り分譲を想定した場合の土地価格
　　34,000,000円　（**表(D)**参照）
② 現況のアパートを前提とした場合の土地の収益価格
　　22,300,000円　（**表(E)**参照）

更正の請求により広大地通達の適用を主張したところ認められた。

開発法による試算表

表(D) 開発法を適用して求めた価格（開発道路設置の場合）

最有効使用の観点から、対象不動産を区画割りして分譲することを想定し、開発法による価格を下記により試算した。

イ. 開発計画

項目	面積	割合		項目	計算
総面積	625.00m²	100%		造成工事費 :	総面積×25,000円/m² ≒ 12,500,000円
公共潰地	81.50m²	13%		販売費及び一般管理費 :	分譲販売収入×10% = 5,480,000円
（道路）	81.50m²	区域内道路			
（道路）	0.00m²	開発セットバック		投下資本収益率 :	年間10%
（セットバック）	0.00m²				
（ゴミ置場）	0.00m²				
有効面積	543.50m²	86.96%			

ロ. 開発スケジュール

▲：支出時　△：収入時

ハ. 分譲販売収入

画地番号	標準的画地の価格 ①	個別格差② 方位	街路	位置	形状	間口	格差率	各画地の単価 ③=①×②	面積 ④	分譲価格 ⑤=③×④
1	105,000円/m²	+3	±0	±0	±0	+5	108/100	113,000円/m²	142.40m²	16,100,000円
2	105,000円/m²	+3	±0	±0	±0	+5	108/100	113,000円/m²	127.30m²	14,400,000円
3	105,000円/m²	±0	±0	±0	±0	△15	85/100	89,000円/m²	136.50m²	12,100,000円
4	105,000円/m²	±0	±0	±0	±0	△15	85/100	89,000円/m²	137.30m²	12,200,000円
計	—			—					543.50m²	54,800,000円

ニ. 開発法による価格

	項目	金額	割引期間	複利現価率	複利現価
(A) 収入	売上収入	27,400,000円	価格時点後 6ヶ月	0.953463	26,124,886円
	売上収入	27,400,000円	価格時点後 12ヶ月	0.909091	24,909,093円
	売上収入	0円	価格時点後 18ヶ月	0.866784	0円
	合計	54,800,000円			51,033,979円
(B) 支出	造成工事費	6,250,000円	価格時点後 3ヶ月	0.976454	6,102,838円
	造成工事費	6,250,000円	価格時点後 9ヶ月	0.931012	5,818,825円
	造成工事費	0円	価格時点後 9ヶ月	0.931012	0円
	小計	12,500,000円			11,921,663円
	開発負担金等	0円	価格時点後 0ヶ月	1	0円
	販売費及び一般管理費	2,740,000円	価格時点後 6ヶ月	0.953463	2,612,489円
	販売費及び一般管理費	2,740,000円	価格時点後 12ヶ月	0.909091	2,490,909円
	小計	5,480,000円			5,103,398円
	合計	17,980,000円			17,025,061円

土地価格： (A)-(B) ≒ 34,000,000円 (54,400円/m²)

事例＊53 現に賃貸アパートが建っており，経済的合理性から判断して広大地通達が適用された土地

表(E) 収益価格査定表（土地残余法）

(想定建物の概要)

建物の利用状況				公法上の規制等			
用途	共同住宅	建築面積 (m²)	250.00	用途地域	1低専	建蔽率	40%	指定容積率	80%
構造	鉄骨造	延床面積 (m²)	500.00	地積 (m²)	625.00	前面道路幅員等		前面道路：4.0m 特定道路までの距離：— m
階層	2階建						

1. 総収益算出内訳

階層	(1) 床面積 (m²)	(2) 有効率 (%)	(3) 有効面積 (m²)	(4) m²当たり月額支払賃料 (円/m²)	(5) 月額支払賃料 (円)	(6) 敷金/礼金 (月数)	(7) 敷金 (円)	(8) 礼金 (円)
1	250.00	80	200.00	2,000	400,000	2 2	800,000	800,000
2	250.00	80	200.00	2,000	400,000	2 2	800,000	800,000
計	500.00		400.00		800,000		1,600,000	1,600,000

(9) 年額支払賃料		800,000 円 × 12ヶ月 =		9,600,000 円
(10) 保証金等の運用益		1,600,000 円 × 2.0% =		32,000 円
(11) 権利金等の運用益及び償却額		償却年数 (2)年 運用利回り (2.0%) 1,600,000 円 × 0.515 ≒		824,000 円
(12) その他収入（屋外駐車場使用料等）				1,200,000 円
(13) 総収益 (9)+(10)+(11)+(12)		11,656,000 円 (18,650 円/m²)		

2. 総費用内訳

項 目	実額・査定額	査定根拠
(1) 修繕費	349,680 円	11,656,000 円 × 3.0%
(2) 維持管理費	288,000 円	9,600,000 円 × 3.0%
(3) 公租公課 土地	300,000 円	推定額
建物	750,000 円	推定額
(4) 損害保険料	75,000 円	75,000,000 円 × 0.1%
(5) 貸倒れ準備費	0 円	敷金等により担保されるため計上しない
(6) 空室等による損失相当額	971,333 円	11,656,000 円 × 1/12
(7) 建物等の取壊費用の積立金	37,500 円	75,000,000 円 × 0.05%
(8) その他費用	0 円	特になし
(9) 総費用	2,771,513 円	(4,434 円/m²) (経費率 23.8%)

3. 基本利率

r：基本利率	8.5%	g：賃料の変動率		0.5%
a：躯体割合（躯体価格÷建物等価格）	75%	n_a：躯体の経済的耐用年数		35 年
b：設備割合（設備価格÷建物等価格）	25%	n_b：設備の経済的耐用年数		15 年
		m：未収入期間を考慮した修正率	0.5年	0.9598

4. 建物等に帰属する純収益

項 目	査 定 額	算 定 根 拠
(1) 建物等の初期投資額	75,000,000 円	150,000 円/m² × 500.00 m² × (100%+ 0%) (設計監理料等)
(2) 元利逓増償還率	0.0937	(躯体部分) (設備部分) 0.0859 × 75% + 0.1171 × 25%
(3) 建物等に帰属する純収益	7,027,500 円	(11,244 円/m²)

5. 土地に帰属する純収益

(1) 総収益		11,656,000 円
(2) 総費用		2,771,513 円
(3) 純収益 (1)−(2)		8,884,487 円
(4) 建物等に帰属する純収益		7,027,500 円
(5) 土地に帰属する純収益 (3)−(4)		1,856,987 円
(6) 未収入期間を考慮した土地に帰属する純収益 (5)×（未収入期間を考慮した修正率）	0.9598	1,782,336 円 (2,852 円/m²)

土地の収益価格	還元利回り（r−g） 8.0% 22,300,000 円 (35,700 円/m²)

開発想定図

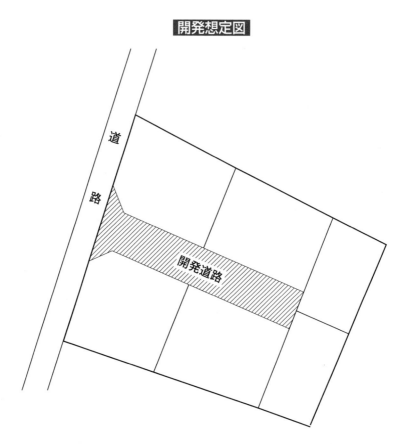

事例＊54

建築基準法第43条但し書き道路に面する広大地

評価対象地の概要

●画地条件

間　口	3m
奥　行	30m
地　積	600㎡
用途地域	第一種低層住居専用地域
建ぺい率	50%
容積率	100%
最寄駅距離	1.5km
地　形	袋地状の不整形地，中間地
現況利用	自宅用地

●環境条件

区画未整備の一般住宅，アパート，畑等が混在する住宅地域である。

地形図

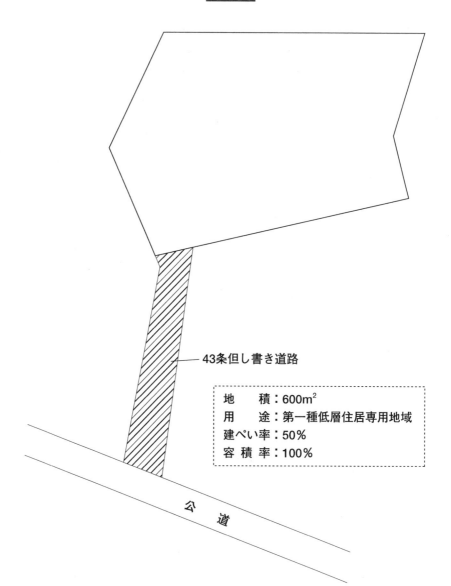

事例＊54 建築基準法第43条但し書き道路に面する広大地

検　討──広大地判定表

	チェック項目	判　定	備　　考
①	マンション適地基準	×	容積率，地形，道路付 最寄駅距離 周辺環境
②	面積基準	○	標準的規模100㎡〜200㎡ （地価公示地等参照） 市街化区域500㎡以上
③	開発了基準	×	開発未了（自宅用地）
④	潰れ地基準	○	可　能
⑤	最有効使用基準	○	戸建分譲地
	広大地判定	◎	広大地該当

　対象地が建築基準法第43条但し書き道路に面している場合は，原則，宅地開発ができないが，条例によって緩和される場合がある。

　したがって，このケースの場合は，宅地開発が可能とされ，広大地通達の適用が認められた事例である。

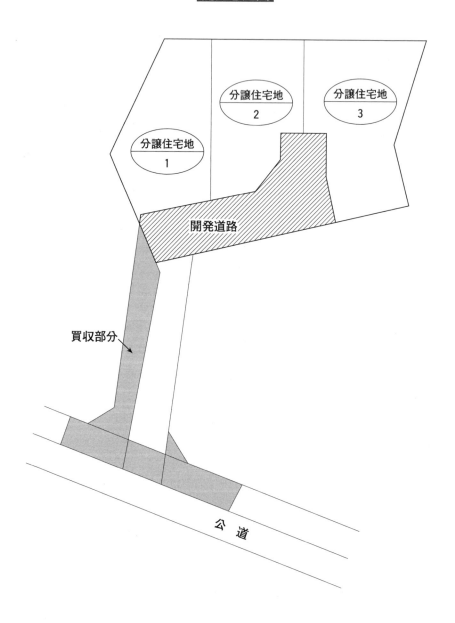

事例＊54　建築基準法第43条但し書き道路に面する広大地

《参考》神奈川県の条例——建築基準法第43条第1項ただし書の規定による
許可に係る包括同意基準（抄）

Ⅰ　（趣旨）
　この基準は，当建築審査会が建築基準法（以下「法」という。）第43条第1項ただし書の規定による許可（以下「法第43条の許可」という。）に係る同意を求められた場合，法第43条の許可に係る建築物（以下「計画建築物」という。）について交通上，安全上，防火上及び衛生上支障がないと認められるものについてあらかじめ同意を与えることにより，その手続の簡素化を図るものである。

3　(2)　通路が道路に接続する部分まで幅員4メートル以上の法第42条第1項各号に該当しない道である場合にあっては，計画建築物の用途，規模，構造，敷地及び通路が以下の基準を満たしているもの（既存建築物の建て替え又は増築の場合はキを除く。）
　ア　敷地が当該通路に2メートル以上有効に接していること
　イ　計画建築物における避難可能な開口部から当該通路に有効に接する部分までの間，有効幅員1.5メートル以上の敷地内通路が確保されていること
　ウ　敷地が通路に接する部分から直近にある道路に接続する部分までの当該通路の土地の所有者より，計画建築物の使用者及び利用者の通行並びに当該通路の維持管理に係る同意が得られていること
　エ　計画建築物は，通路を法第42条第1項に規定する道路とみなして法及び施行令の規定を適用した場合に，適合したものであること
　オ　通路は砂利敷きその他ぬかるみとならない構造とし，通路部分の境界がコンクリート境界石等で明示されているものであること（公共団体等が所有する部分の土地を除き，通路部分の地目が公衆用道路である場合はこの限りでない。）
　カ　計画建築物の用途，規模及び構造が次のとおりであること
　　・計画建築物の用途が住宅，長屋，下宿，共同住宅，寄宿舎，店

舗・事務所併用住宅（第一種低層住居専用地域内に建築することができるものに限る。）又は診療所であること
・高さが10メートル以下であること
・延べ面積の合計が200平方メートル以下であること
・階数（地階がある場合は地下1階を除く。）が2以下であること
・長屋及び共同住宅にあっては戸数が2以下，下宿の宿泊室及び寄宿舎の寝室にあっては室数が2以下であること

キ　既存建築物の建て替え及び増築以外である場合は通路及び敷地が次のとおりであること（公共団体が所有又は管理する場合はこの限りではない。）
・敷地は，建築物の敷地として宅地利用されていたものであること
・当該通路のみに敷地が接する建築物が既に建ち並んでいること
・当該通路が行き止まりの場合，道路から35メートル以内の位置で敷地が接するものであること（敷地が行き止まりの先端部分でのみ当該通路に接するものを除く。）
・敷地面積が100平方メートル以上であること

3　(3)　通路が道路に接続する部分までの幅員が1.8メートル以上の公共団体等が所有又は管理する法第42条第1項第一号から第三号に該当しない道である場合にあっては，計画建築物の用途，規模，構造，敷地及び通路が以下の基準を満たしているもの

　なお，ここでいう「幅員が1.8メートル以上の公共団体等が所有又は管理する法第42条第1項第一号から第三号に該当しない道」には，市町村における狭あい道路拡幅整備要綱等による整備路線として，計画建築物の敷地の地権者（建築主，許可申請者等）と市町村が当該道の拡幅整備に関する協定を締結（協議が成立）したことにより，当該道路拡幅部分が市町村に所有権移転された時には，敷地前面の道の幅員が1.8メートル以上となる場合を含む。

ア　敷地が当該通路に2メートル以上有効に接していること

イ 計画建築物における避難可能な開口部から当該通路に有効に接する部分までの間、有効幅員1.5メートル以上の敷地内通路が確保されていること
ウ 敷地が通路に接する部分から直近にある道路に接続する部分までの当該通路の中心線から水平距離2メートル（又は、当該通路の反対側の境界線から計画建築物の敷地側に水平距離4メートル。以下エ及びオにおいて同じ。）以内の土地の所有者より、計画建築物の使用者及び利用者の通行並びに当該土地の維持管理に係る同意が得られていること
エ 当該通路の中心線から水平距離2メートルの線を道路の境界線とみなして法及び施行令の規定を適用した場合に、適合したものであること。ただし、法第52条第2項、第56条第1項、同条第2項、同条第6項及び施行令第20条第2項の規定の適用にあたっては、当該通路の部分のみを道路とみなして適合していること
オ 当該通路の中心線から計画建築物の敷地側に水平距離2メートルの線を敷地の境界線とし、通路と敷地境界線の間の部分を道として築造し、砂利敷きその他ぬかるみとならない構造とすること。ただし、袋地状の通路にあって、その行き止まりに接する敷地はこの限りでない
カ オに規定する敷地の境界線と通路との間の部分を分筆し、地目を公衆用道路としたものであること
キ 既存建築物の建て替え又は増築であること
ク 計画建築物の用途、規模及び構造が次のとおりであること
・計画建築物の用途が住宅、長屋、下宿、共同住宅又は寄宿舎であること。ただし、通路の幅員が2.7メートル以上の場合は、店舗・事務所併用住宅（第一種低層住居専用地域内に建築することができるものに限る。）又は診療所とすることもできる
・高さが10メートル以下であること
・延べ面積の合計が200平方メートル以下であること
・階数（地階がある場合は地下1階を除く。）が2以下であること

- 長屋及び共同住宅にあっては戸数が2以下，下宿の宿泊室及び寄宿舎の寝室にあっては室数が2以下であること
- 計画建築物は耐火建築物，準耐火建築物又は外壁及び軒裏で延焼のおそれがある部分を防火構造とし，かつ計画建築物の外壁若しくはこれに類する部分から隣地境界線までの水平距離は，消火活動等を考慮し，0.6メートル以上有効に確保されていること。ただし，増築の場合，当該増築部分以外の部分においては，この限りではない

ケ 通路の幅員が2.7メートル未満の場合は，道路から計画建築物の敷地が接する通路の部分の直近の端までの延長が35メートル以内であること

コ 計画建築物が公益上必要な施設である場合は，上記ア，イに適合し，その用途，規模及び構造が次のとおりであること
- 収容する可燃物が少なく，かつ，火気を使用することが想定されない用途であること
- 高さが4メートル以下であること
- 延べ面積の合計が50平方メートル以下であること
- 階数（地階がある場合は地下1階を除く。）が1であること

サ 計画建築物（延べ面積（同一敷地内に2以上の建築物がある場合には，その延べ面積の合計をいう。）が1,000平方メートル以下のものに限る。）が，都市計画法施行令第20条第一号若しくは第二号，及び同施行令第21条第十号，第十二号から第十六号までに掲げる施設で，上記ア，イに適合し，その構造，敷地及び通路が次の基準を満たしているもの
- 敷地は用途地域の指定のない区域内にあること
- 敷地が接する道等（公共団体等の所有又は管理する道に限る。）の幅員は，道路から計画建築物の敷地までの間2.7メートル（延べ面積が100平方メートル以下のものにあっては1.8メートル）以上あること

・計画建築物は居室を有しないものであること
・通路の反対側の境界線から計画建築物の敷地側に水平距離4メートル以内の範囲を道路状に整備するものであること
・当該通路の反対側の境界線から計画建築物の敷地側に水平距離4メートルの線を道路境界線とみなして法及び施行令の規定を適用した場合に，適合したものであること

3 (4) 敷地が道路に1.8メートル以上接するもので，計画建築物の用途，規模，構造，敷地及び通路が以下の基準を満たしているもの
 ア 計画建築物における避難可能な開口部から道路までの間，避難上有効な幅員1.8メートル以上の敷地内通路が確保されていること
 イ 既存建築物の建て替え又は増築であること
 ウ 計画建築物の用途，規模及び構造が次のとおりであること
  ・計画建築物の用途が一戸建ての住宅であること
  ・高さが10メートル以下であること
  ・延べ面積の合計が150平方メートル以下であること
  ・階数（地階がある場合は地下1階を除く。）が2以下であること
  ・計画建築物は耐火建築物，準耐火建築物又は外壁及び軒裏で延焼のおそれがある部分を防火構造とし，かつ計画建築物の外壁若しくはこれに類する部分から隣地境界線までの水平距離は，消火活動等を考慮し，0.6メートル以上有効に確保されていること。ただし，増築の場合，当該増築部分以外の部分においては，この限りではない
 エ 計画建築物の敷地が路地状部分のみによって道路に接する場合には，当該敷地の路地状部分の長さが35メートル以内であること

3 (5) 計画建築物及びその敷地が次のいずれかに該当し，かつ，その整備予定の道路等を法第42条第1項に規定する道路とみなして法及び施行令の規定を適用した場合に，適合したものであること

事例＊55

埋蔵文化財包蔵地の減価と広大地

評価対象地の概要

● 画地条件

間　口	120m
奥　行	90m〜240m
地　積	36,000㎡
用途地域	第一種中高層住居専用地域
建ぺい率	60%
容積率	200%
最寄駅距離	200m
地　形	扇状の不整形地，中間地
現況利用	山林原野

● 環境条件

一般住宅に囲まれた，畑もみられる普通住宅地域である。

事例＊55 埋蔵文化財包蔵地の減価と広大地

地形図

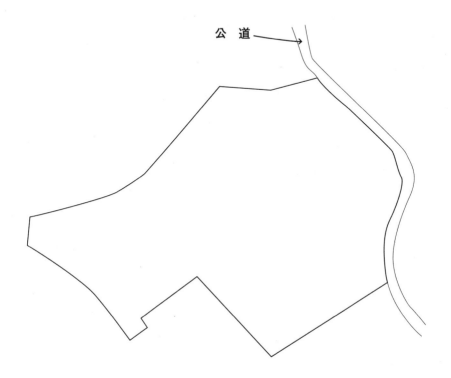

地　　積：36,000m²
用　　途：第一種中高層住居専用地域
建ぺい率：60％
容 積 率：200％

検討──広大地判定表

	チェック項目	判定	備考
①	マンション適地基準	×	地形，規模 最寄駅距離 周辺環境
②	面積基準	○	標準的規模100㎡～200㎡ （地価公示地等参照） 市街化区域500㎡以上
③	開発了基準	×	開発未了（畑）
④	潰れ地基準	○	可　能
⑤	最有効使用基準	○	戸建分譲地
	広大地判定	◎	広大地該当

公表裁決事例（平成20年9月25日【東裁(諸)平20-42】）である。

対象地は，文化財保護法に指定されている周知の埋蔵文化財包蔵地（縄文，古墳，貝塚，集落跡）となっており，住宅地等に開発する場合は，発掘調査費用がかかる。

その発掘調査費用は，当該市の教育委員会が調査した結果，約1億1,000万円と試算されていた。

広大地通達の適用は可能であるが，評価においては，発掘調査費用をどのように控除するかが問題となった。

以下のように裁決された。

> 広大地評価額－発掘調査費用×80％＝相続税評価額

これは，「土壌汚染地の評価等の考え方について（情報）」（平成16年

事例＊55 埋蔵文化財包蔵地の減価と広大地

7月5日，資産評価企画官情報第3号）に定める「土壌汚染地の評価」に準じての評価となっている。

　今後，広大地評価における土壌汚染がある場合の浄化・改善費用に相当する費用，埋蔵文化財包蔵地がある場合の発掘調査費用，赤道・青道等がある場合の払い下げ費用，産業廃棄物の除去費用等の発生が見込まれる場合には，その費用の80％を控除できることとなっている。

事例＊56

青道のある広大地

評価対象地の概要

●画地条件

間　口	60m
奥　行	16m～40m
地　積	1,860㎡
用途地域	第一種低層住居専用地域
建ぺい率	50%
容積率	100%
最寄駅距離	1.2km
地　形	扇状の不整形地，青道（用水路）がある中間地
現況利用	生産緑地

●環境条件

一般住宅を中心に畑，未利用地が多い郊外の住宅地域である。

事例＊56 青道のある広大地 325

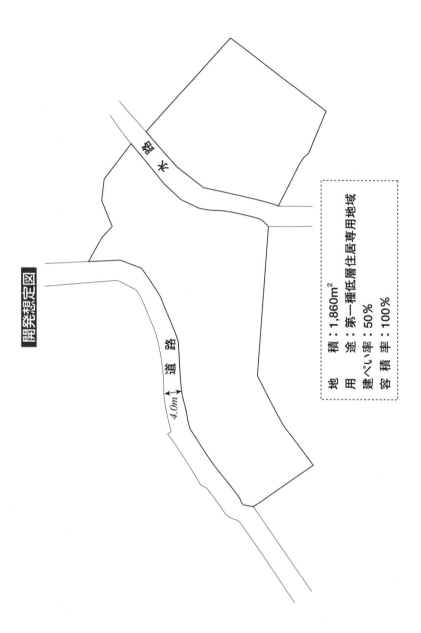

検　討──広大地判定表

	チェック項目	判　定	備　考
①	マンション適地基準	×	容積率 最寄駅距離 周辺環境
②	面積基準	○	標準的規模100㎡〜200㎡ (地価公示地等参照) 市街化区域500㎡以上
③	開発了基準	×	開発未了(畑)
④	潰れ地基準	○	可　能
⑤	最有効使用基準	○	戸建分譲地
	広大地判定	◎	広大地該当

　対象地に赤道や青道がある場合は，原則として，その赤道や青道を長期間占用使用し，かつ，払い下げできることを条件に広大地が認められる場合がある。

　この事例では，青道は水路として使用されており，払い下げはできなかったが，その青道を改良して宅地開発分譲が認められたので，広大地通達の適用が可能となった。

事例＊56 青道のある広大地　327

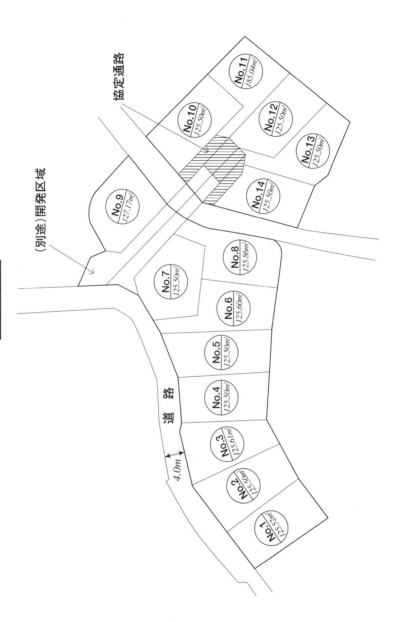

事例＊57

中高層マンションがある広大地

評価対象地の概要

●画地条件

　間　口　　30m
　奥　行　　100m
　地　積　　2,600㎡
　用途地域　第一種低層住居専用地域
　建ぺい率　50%
　容積率　　100%
　最寄駅距離　2.5km
　地　形　　長方形，三方路地
　現況利用　4階建の賃貸マンション

●環境条件

　一般住宅，アパート等が混在する住宅地域である。

事例＊57 中高層マンションがある広大地　329

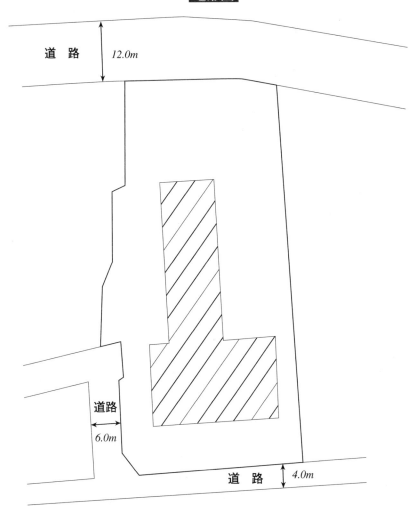

地　積：2,600m²
用　途：第一種低層住居専用地域
建ぺい率：50%
容積率：100%

検 討──広大地判定表

	チェック項目	判 定	備　考
①	マンション適地基準	×	容積率 最寄駅距離 周辺環境
②	面積基準	○	標準的規模100㎡〜200㎡ （地価公示地等参照） 市街化区域500㎡以上
③	開発了基準	△	開発了（賃貸マンション）（要検討）
④	潰れ地基準	○	可　能
⑤	最有効使用基準	○	戸建分譲地
	広大地判定	◎	広大地該当

　対象地には4階建の賃貸マンションが建てられていたが、「その地域」は第一種低層住居専用地域であり、建ぺい率50％、容積率100％と、標準的使用は戸建住宅であることから、賃貸マンションは経済的に最も合理的な開発行為とは判断できず、最有効使用は戸建分譲地と判定し、広大地通達の適用が認められた事例である。

　その検討資料として、不動産鑑定士に、①賃貸マンションを前提とした土地価格、②戸建分譲を想定した開発法による土地価格を依頼し、その結果、試算した②の価格が①の価格の2倍程度となったことから、最有効使用は戸建分譲地であるとの意見書を添付して認められたケースである。

事例＊57 中高層マンションがある広大地

開発想定図

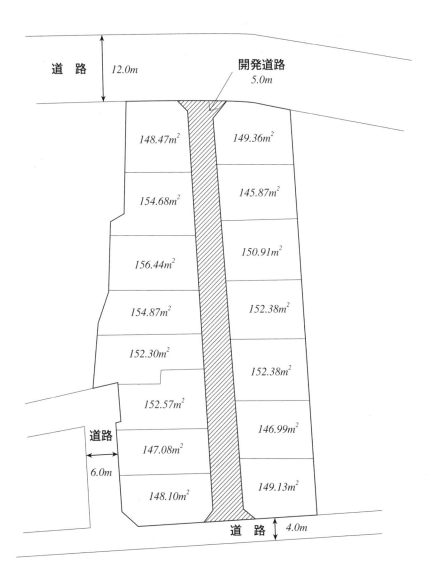

事例＊58

帯状地で広大地が認められた事例

評価対象地の概要

● 画地条件

間　口	36m
奥　行	14m〜24m
地　積	733㎡
用途地域	第一種中高層住居専用地域
建ぺい率	60%
容積率	200%
最寄駅距離	1.5km
地　形	帯状地，中間地
現況利用	生産緑地

● 環境条件

一般住宅を中心としてアパート，畑等が混在する住宅地域である。

事例＊58 帯状地で広大地が認められた事例　　333

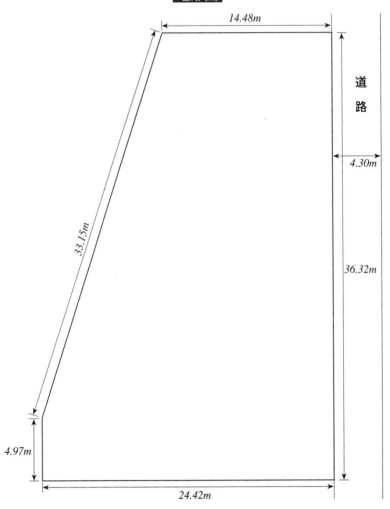

地　　積：733m²
用　　途：第一種中高層住居専用地域
建ぺい率：60％
容 積 率：200％

検　討——広大地判定表

チェック項目	判定	備考
① マンション適地基準	×	最寄駅 周辺環境
② 面積基準	○	標準的規模100㎡〜200㎡ （地価公示地等参照） 市街化区域500㎡以上
③ 開発了基準	○	開発未了（畑）
④ 潰れ地基準	△	可能（要検討）
⑤ 最有効使用基準	○	戸建分譲地
広大地判定	◎	広大地該当

　評価対象地は帯状地であり，路地状開発の可能性もある。

　提示した開発道路を入れた戸建分譲地と路地状開発を検討してみると，対象地は南西側に道路面があり，開発道路を入れることにより，2区画は三方路の画地であり高く売却できること，2区画が南西側に道路に面することで高く売却できることのメリットがある。

　一方，路地状敷地で開発すると，6区画は可能だが，路地の長さが10mとなり，3区画が路地状敷地となるので，価格が安くなるなどのデメリットがある。

　両方の開発想定図をもとに全体の販売総額を試算すると，開発道路を入れた開発の方が，路地状開発よりも30％高いことが判明したので，広大地通達の適用が認められたケースである。

事例＊58 帯状地で広大地が認められた事例　335

開発想定図

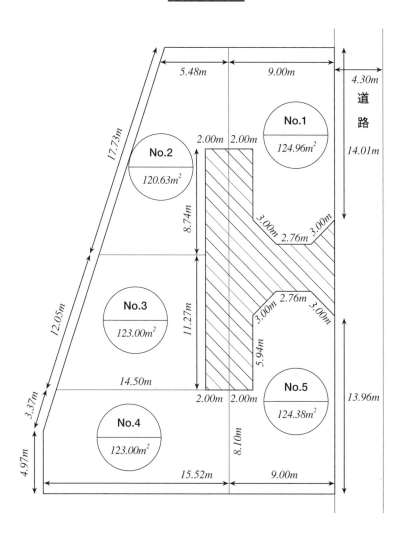

事例＊59

土地の一部を売却後にマンションが建設された事例

評価対象地の概要

●画地条件

間　口	34m
奥　行	70m〜137m
地　積	3,700㎡
用途地域	第一種低層住居専用地域
建ぺい率	50%
容積率	100%
最寄駅距離	800m
地　形	長方形，不整形地，中間地
現況利用	生産緑地

●環境条件

一般住宅を中心として畑が混在する郊外の住宅地域である。

事例＊59 土地の一部を売却後にマンションが建設された事例

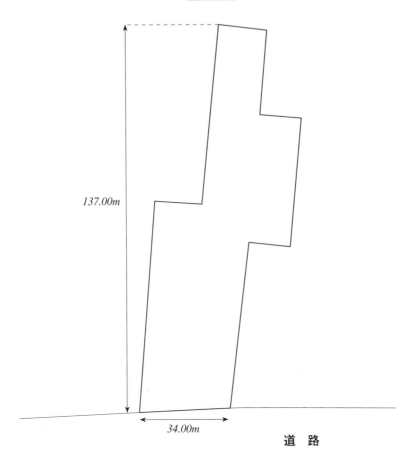

地形図

137.00m

34.00m

道　路

　地　　積：3,700m²
　用　　途：第一種低層住居専用地域
　建ぺい率：50%
　容　積　率：100%

検 討──広大地判定表

	チェック項目	判 定	備　　考
①	マンション適地基準	×	容積率，地形 周辺環境
②	面積基準	○	標準的規模100㎡〜200㎡ （地価公示地等参照） 市街化区域500㎡以上
③	開発了基準	×	開発未了（畑）
④	潰れ地基準	○	可　能
⑤	最有効使用基準	○	戸建分譲地
	広大地判定	◎	広大地該当

　相続後に土地の一部を売却し，分譲マンションが建設されたが，相続時の対象地は，地形的に細長く，最有効使用は戸建分譲地と判断され，広大地通達の適用が認められたケースである。

　なお，残地を戸建分譲用地として開発ができるように売却している。

事例＊59　土地の一部を売却後にマンションが建設された事例　339

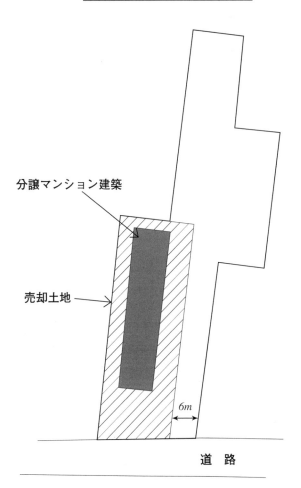

マンション建築後の地形図

事例＊60

工業地域に隣接する無道路地の広大地

評価対象地の概要

● 画地条件

間　口	なし
奥　行	30m
地　積	1,200㎡
用途地域	工業地域
建ぺい率	60%
容積率	200%
最寄駅距離	1.2km
地　形	長方形
現況利用	生産緑地

● 環境条件

中小工場が建ち並ぶ工業地域に隣接しており，戸建住宅，マンション等も見られる住宅地域である。

事例＊60 工業地域に隣接する無道路地の広大地

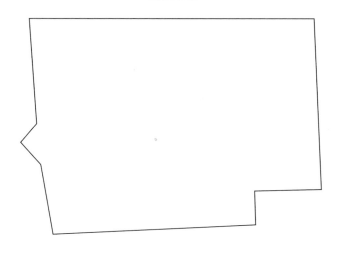

地形図

公　道

地　　積：1,200m²
用　　途：工業地域
建ぺい率：60％
容 積 率：200％

路線価図

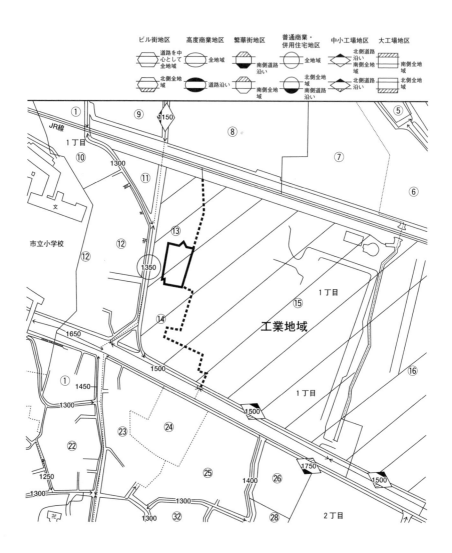

事例＊60 工業地域に隣接する無道路地の広大地

検討──広大地判定表

	チェック項目	判定	備考
①	マンション適地基準	×	道路付，地形 周辺環境
②	面積基準	○	標準的規模100㎡〜200㎡ （地価公示地等参照） 市街化区域500㎡以上
③	開発了基準	×	開発未了（畑）
④	潰れ地基準	○	可能
⑤	最有効使用基準	○	戸建分譲地
	広大地判定	◎	広大地該当

　用途地域は工業地域であるが，第一種中高層住居地域に隣接する住宅地域となっており，用途だけ考えると工業地域であるが，実際は，工業地域に隣接する住宅地域となっている。

　路線価図で確認すると，普通住宅地区になっていることから，広大地通達の適用が認められたケースである。

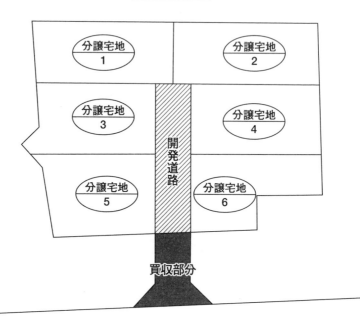

事例＊61

幹線道路に面する広大地

評価対象地の概要

● 画地条件

間　口	96m	
奥　行	105m	
地　積	11,109㎡	
用途地域	準住居地域	
建ぺい率	60％	
容積率	200％	
最寄駅距離	3.9km	
地　形	台形，三方路地	
現況利用	病院用地（同族法人所有）として同族法人に賃貸	

● 環境条件

県道の背後に病院，倉庫，一般住宅等が混在する地域である。

地形図

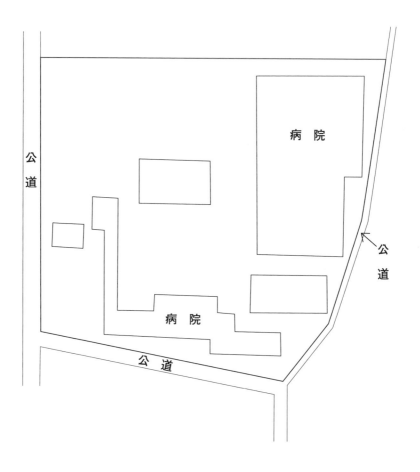

地　　積：11,109m^2
用　　途：準住居地域
建ぺい率：60%
容 積 率：200%

事例＊61 幹線道路に面する広大地

検 討──広大地判定表

	チェック項目	判 定	備 考
①	マンション適地基準	×	最寄駅 周辺環境
②	面積基準	○	標準的規模100㎡〜200㎡ （地価公示地等参照） 市街化区域1,000㎡以上
③	開発了基準	△	開発了（病院）（検討）
④	潰れ地基準	○	可 能
⑤	最有効使用基準	○	戸建分譲地
	広大地判定	◎	広大地該当

　幹線道路に面する病院敷地であるが,「その地域」の標準的使用は戸建住宅と判断し,対象地は著しく広大であり,最有効使用は戸建分譲地と判断されることから,広大地通達の適用が認められた。

開発想定図

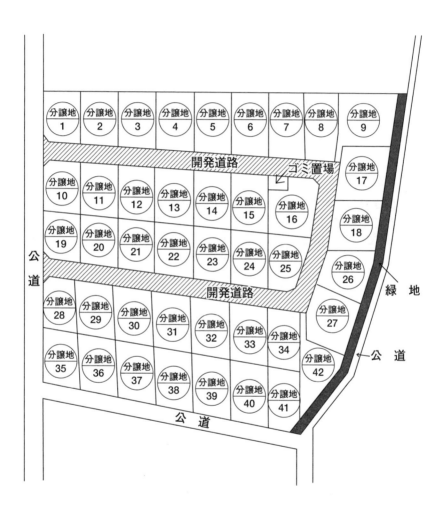

参照通達・企画官情報・その他

● 財産評価基本通達24-4《広大地の評価》

（広大地の評価）

24-4　その地域における標準的な宅地の地積に比して著しく地積が広大な宅地で都市計画法第4条《定義》第12項に規定する開発行為（以下本項において「開発行為」という。）を行うとした場合に公共公益的施設用地の負担が必要と認められるもの（22-2《大規模工場用地》に定める大規模工場用地に該当するもの及び中高層の集合住宅等の敷地用地に適しているもの（その宅地について，経済的に最も合理的であると認められる開発行為が中高層の集合住宅等を建築することを目的とするものであると認められるものをいう。）を除く。以下「広大地」という。）の価額は，原則として，次に掲げる区分に従い，それぞれ次により計算した金額によって評価する。（平6課評2-2外追加，平11課評2-12外・平12課評2-4外・平16課評2-7外・平17課評2-11外改正）

(1)　その広大地が路線価地域に所在する場合

その広大地の面する路線の路線価に，15《奥行価格補正》から20-5《容積率の異なる2以上の地域にわたる宅地の評価》までの定めに代わるものとして次の算式により求めた広大地補正率を乗じて計算した価額にその広大地の地積を乗じて計算した金額

$$広大地補正率 = 0.6 - 0.05 \times \frac{広大地の地積}{1,000 ㎡}$$

(2)　その広大地が倍率地域に所在する場合

その広大地が標準的な間口距離及び奥行距離を有する宅地であるとした場合の1平方メートル当たりの価額を14《路線価》に定める路線価として，上記(1)に準じて計算した金額

(注)
1　本項本文に定める「公共公益的施設用地」とは，都市計画法第4条《定義》第14項に規定する道路，公園等の公共施設の用に供される土地及び都市計画法施行令（昭和44年政令第158号）第27条に掲げる教育施設，医療施設等の公益的施設の用に供される土地（その他これらに準ずる施設で，開発行為の許可を受けるために必要とされる施設の用に供される土地を含む。）をいうものとする。

2　本項(1)の「その広大地の面する路線の路線価」は，その路線が2以上ある場合には，原則として，その広大地が面する路線の路線価のうち最も高いものとする。

3　本項によって評価する広大地は，5,000平方メートル以下の地積のものとする。したがって，広大地補正率は0.35が下限となることに留意する。

4　本項(1)又は(2)により計算した価額が，その広大地を11《評価の方式》から21-2《倍率方式による評価》まで及び24-6《セットバックを必要とする宅地の評価》の定めにより評価した価額を上回る場合には，その広大地の価額は11から21-2まで及び24-6の定めによって評価することに留意する。

● **平成16年6月29日付資産評価企画官情報第2号：財産評価基本通達の一部改正について：16年情報**

2 広大地の評価

　広大地の価額は，その正面路線価に「広大地補正率」と広大地の地積を連乗して評価することとした。また，①いわゆるマンション適地については通達の適用対象でないこと，②広大な市街地農地等，市街地原野及び市街地山林についても，この通達の適用対象であることなどを明確にした。(評基通24-4＝改正，評基通49-2外＝新設)

1　従来の取扱い

　広大地とは，その地域における標準的な宅地の地積に比して著しく地積が広大な宅地で，開発行為を行うとした場合に道路や公園等の公共公益的施設用地の負担が必要と認められる宅地をいう。その広大地の価額は，次の算式で計算される割合（有効宅地化率）を奥行価格補正率に代えて画地補正を行って評価することとしていた。

$$※有効宅地化率＝\frac{広大地の地積－公共公益的施設用地となる部分の地積}{広大地の地積}$$

（参考）

　　通常の宅地の評価額＝正面路線価×<u>奥行価格補正率</u>×各種画地補正率×地積

　　　　　　　　　　　　　　　　　↓

　　広大地の評価額＝正面路線価×<u>有効宅地化率</u>×各種画地補正率×地積

2　通達改正の趣旨

　従来の広大地の評価方法では，公共公益的施設用地となる部分の地積の算定に当たり，開発想定図等を作成する必要があったが，その作成には専門的な知識が必要なこ

●平成16年6月29日付資産評価企画官情報第2号：財産評価基本通達の一部改正について：16年情報

とから，有効宅地化率の算定に苦慮する事例が多かった。また，従来の広大地の評価方法によらず，鑑定評価に基づいて申告又は更正の請求をする事例が目立つようになってきた。これらのことなどから，最近の鑑定評価事例を分析・検討するなどして，広大地の評価方法を見直すこととした。

3 通達改正の概要

(1) 広大地の評価方法

広大地については，上記のとおり，収集した鑑定評価事例を基に，1㎡当たりの鑑定評価額が正面路線価に占める割合と評価対象地の地積との関係を統計学の手法（最小二乗法による回帰分析）を用いて分析・検討を行い，評価の簡便性や安全性にも配慮した次の算式により評価することとした。

広大地の価額＝正面路線価×広大地補正率×地積

(注) 通常の宅地の正面路線価は，路線価に奥行価格補正率を乗じた後の価額で判定するが，広大地の正面路線価は，面している路線のうち原則として最も高い路線価で判定することに留意する。

広大地補正率

> (次の算式により求めた率)
>
> 広大地補正率 $= 0.6 - 0.05 \times \dfrac{地積}{1,000㎡}$
>
> (注) 広大地補正率は0.35を下限とする。

(左の算式による広大地補正率の計算例)

地積	広大地補正率
1,000㎡	0.55
2,000㎡	0.50
3,000㎡	0.45
4,000㎡	0.40
5,000㎡	0.35

広大地補正率を求める算式は，地積が5,000㎡までの広大地について成り立つものであったことから，広大地補正率を用いた評価方法の適用についても，地積が5,000㎡までの広大地に限ることとした。したがって，地積が5,000㎡を超える広大地については，原則として評価通達5（評価方法の定めのない財産の評価）により個別に評価することになるが，地積が5,000㎡を超える広大地であっても，広大地補正率の下限である0.35を適用することは差し支えない。

(注) 広大地補正率については，端数調整を行わないことに留意する。

(2) 広大地の範囲

評価通達における広大地は，①戸建住宅分譲用地として開発され，道路等の潰れ地

が生じる土地を前提としていること，また，②「対象地がその存する地域の標準的な画地との比較において広大地と判定される画地であっても，一体利用することが市場の需給関係等を勘案して合理的と認められる場合には，地積過大による減価を行う必要がない」（「土地価格比準表の取扱いについて」，国土交通省）とされていることなどから，その宅地を中高層の集合住宅等の敷地として使用するのが最有効使用である場合，いわゆるマンション適地等については，広大地には該当しない旨を通達の中で明らかにした。

なお，「広大地に該当するもの，しないもの」の条件を例示的に示すと，以下のようになる（（参考）広大地判定フローチャート参照）。

(広大地に該当する条件の例示)

普通住宅地区等に所在する土地で，各自治体が定める開発許可を要する面積基準以上のもの（ただし，下記の該当しない条件の例示に該当するものを除く。）

　（注）　ミニ開発分譲が多い地域に存する土地については，開発許可を要する面積基準（例えば，三大都市圏500㎡）に満たない場合であっても，広大地に該当する場合があることに留意する。

(広大地に該当しない条件の例示)

・既に開発を了しているマンション・ビル等の敷地用地
・現に宅地として有効利用されている建築物等の敷地（例えば，大規模店舗，ファミリーレストラン等）
・原則として容積率300％以上の地域に所在する土地
・公共公益的施設用地の負担がほとんど生じないと認められる土地
　（例）　道路に面しており，間口が広く，奥行がそれほどではない土地
　　　（道路が二方，三方及び四方にある場合も同様）

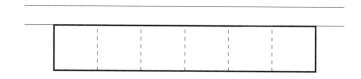

(3)　マンション適地の判定

評価対象地について，中高層の集合住宅等の敷地，いわゆるマンション適地等として使用するのが最有効使用と認められるか否かの判断は，その土地の周辺地域の標準的使用の状況を参考とすることになるのであるが，戸建住宅とマンションが混在して

●平成16年6月29日付資産評価企画官情報第2号：財産評価基本通達の一部改正について：16年情報

いる地域（主に容積率200％の地域）にあっては，その土地の最有効使用を判断することが困難な場合もあると考えられる。

このような場合には，周囲の状況や専門家の意見等から判断して，明らかにマンション用地に適していると認められる土地を除き，戸建住宅用地として広大地の評価を適用することとして差し支えない。

なお，評価する土地がマンション適地かどうかの判断基準としては，次のような基準が参考となる（清文社刊「特殊な画地と鑑定評価」土地評価理論研究会（1993年8月）より抜粋）。

イ　近隣地域又は周辺の類似地域に現にマンションが建てられているし，また現在も建築工事中のものが多数ある場合，つまりマンション敷地としての利用に地域が移行しつつある状態で，しかもその移行の程度が相当進んでいる場合

ロ　現実のマンションの建築状況はどうであれ，用途地域・建ぺい率・容積率や当該地方公共団体の開発規制等が厳しくなく，交通，教育，医療等の公的施設や商業地への接近性から判断しても，換言すれば，社会的・経済的・行政的見地から判断して，まさにマンション適地と認められる場合

(4)　広大な市街地農地等，市街地山林及び市街地原野への適用について

従来の取扱いでは，広大地の通達上の定義を「宅地」に限っていたが，広大な市街地農地等を戸建住宅分譲用地として活用する場合には，宅地と同様，道路，公園等の潰れ地が生じるのであるから，評価の明確化の観点から，市街地農地，市街地周辺農地，市街地山林及び市街地原野についても，広大地の定義に該当すれば，評価通達24-4の適用がある旨を明らかにした。

なお，市街地農地等を広大地として評価する場合には，広大地補正率の中に宅地造成費等を考慮してあることから，通達上の造成費については控除しないで評価することになる点に留意が必要である。したがって，広大な市街地農地等，市街地山林及び市街地原野の価額は，広大な宅地と同様に，次の算式により評価した金額となる。

また，評価対象地が市街地周辺農地である場合には，下記算式によって評価した価額の100分の80に相当する金額によって評価することに留意する。

広大な市街地農地等の価額＝正面路線価×広大地補正率×地積

（造成費は別途控除しない）

　　（注）　広大地の定義に該当する市街地農地等について，正面路線価，広大地補正率及び地積の3要素を用いて評価した金額が，その市街地農地等につき宅地比準方式によって評価した金額を上回る場合は，その市街地農地等は宅地比準方式によ

って評価する。

(5) 広大地補正率と通達上の各種補正率の適用関係

　広大地補正率は、1㎡当たりの鑑定評価額が正面路線価に占める割合を基として算出しており、また、鑑定評価（開発法）は、評価対象地の形状、道路との位置関係など、土地の個別要因に基づいて最も経済的・合理的となるような開発想定図を作成し、それに基づき鑑定評価額を算出していることから、鑑定評価額に基づき算出された広大地補正率は、土地の個別要因の事情補正が考慮されているものということができる。

　このような考え方から、広大地補正率を適用する土地については、土地の形状、道路との位置関係等に基づく事情補正、すなわち評価通達15（奥行価格補正）から20-5（容積率の異なる2以上の地域にわたる宅地の評価）までの定めを考慮せず、正面路線価、広大地補正率及び地積の3要素を用いて評価することとした。

　なお、鑑定評価における開発法では、広大地にセットバック部分がある場合、セットバック部分を潰れ地として有効宅地化率を計算していることから、広大地補正率にはセットバック部分のしんしゃくは折り込み済みと考えることができる。このような考え方から、広大地補正率を適用する土地については、評価通達24-6（セットバックを必要とする宅地の評価）は適用しないこととした。

　また、都市計画道路予定地となる区域内においては、通常2階建ての建物しか建築できないなどの土地の利用制限を受けることになる。この利用制限については、評価通達上の他の利用制限（例えば、特別高圧線下の土地等）と同様、個々にしんしゃくするのが相当と考えられることから、広大地が都市計画道路予定地内にある場合には、広大地補正率により評価した後、評価通達24—7（都市計画道路予定地の区域内にある宅地の評価）を適用できることとした。

(6) 具体的な計算例

　改正通達による広大地の具体的な計算例を示せば、次のとおりである。

（設例1）　広大な宅地のケース

　面積2,145㎡の宅地（マンション適地に該当しないなど、広大地の要件は満たしている。）

（計算）

　正面路線価95千円

◉平成16年6月29日付資産評価企画官情報第2号：財産評価基本通達の一部改正について：16年情報

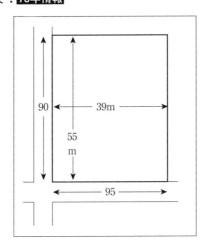

（広大地補正率）

$$95千 \times \left[0.6 - 0.05 \times \frac{2,145㎡}{1,000㎡} \right] \times 2,145㎡$$

$= 95千 \times 0.49275 \times 2,145㎡$

$= 100,410,131円$

（注）

1　通常の宅地の正面路線価は，路線価に奥行価格補正率を乗じた後の価額で判定するが，広大地の正面路線価は，面している路線のうち最も高い路線価で判定することに留意する。

2　広大地補正率は端数処理をしないことに留意する。

（設例2）　広大な市街地山林のケース

面積2,800㎡の市街地山林（他の広大地の要件は満たしている。）

（計算）

正面路線価200千円

（広大地補正率）

$$200千 \times \left[0.6 - 0.05 \times \frac{2,800㎡}{1,000㎡} \right] \times 2,800㎡$$

$= 200千 \times 0.46 \times 2,800㎡$

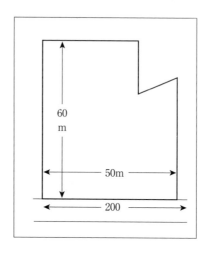

＝257,600,000円

（注）

1 不整形地補正率などの各種補正率は適用しないことに留意する。

2 宅地造成費は別途控除しないことに留意する。

平成16年6月29日付資産評価企画官情報第2号：財産評価基本通達の一部改正について：16年情報

(参考) 広大地判定フローチャート

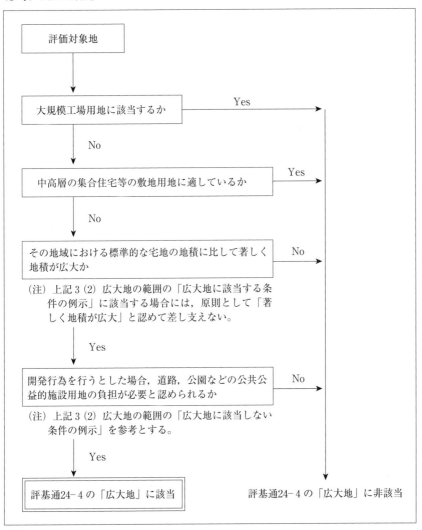

◉ 平成17年6月17日付資産評価企画官情報第1号：広大地の判定に当たり留意すべき事項(情報)：17年情報

広大地の判定に当たり留意すべき事項（情報）

財産評価基本通達24-4に定める「広大地の評価」を適用する場合の広大地に該当するかどうかの判定に当たり留意すべき事項について，別紙のとおり取りまとめたので，執務の参考とされたい。

別　紙

広大地の判定に当たり留意すべき事項

広大地については，平成16年6月4日付課評2-7ほか2課共同「財産評価基本通達の一部改正について（法令解釈通達）」により，その評価方法を改正し，その改正の趣旨等については，平成16年6月29日付資産評価企画官情報第2号「『財産評価基本通達の一部改正について』通達のあらましについて（情報）」（以下「情報第2号」という。）で明らかにしたところである。

広大地の定義については，財産評価基本通達（以下「評価通達」という。）において，「『その地域における標準的な宅地の地積に比して著しく地積が広大な宅地で都市計画法第4条《定義》第12項に規定する開発行為を行うとした場合に公共公益的施設用地の負担が必要と認められるもの』のうち『大規模工場用地に該当するもの及び中高層の集合住宅等の敷地用地に適しているもの（その宅地について，経済的に最も合理的であると認められる開発行為が中高層の集合住宅等を建築することを目的とするものであると認められるもの）』を除く」ものをいうとしている（評基通24-4）。

これを受けて，広大地に該当するかどうかを判定する場合の考え方について，情報

◉平成17年6月17日付資産評価企画官情報第1号：広大地の判定に当たり留意すべき事項(情報)：17年情報

第2号において整理したところであるが，本情報は，更なる考え方の統一性を図るために，以下に抜粋した部分のうち，アンダーラインを付した部分を中心に留意事項を取りまとめたものである。

○情報第2号「2　広大地の評価」(抜粋)
3　通達改正の概要
(2)　広大地の範囲

　評価通達における広大地は，①戸建住宅分譲用地として開発され，道路等の潰れ地が生じる土地を前提としていること，また，②「対象地がその存する地域の標準的な画地との比較において広大地と判定される画地であっても，一体利用することが市場の需給関係等を勘案して合理的と認められる場合には，地積過大による減価を行う必要がない」(「土地価格比準表の取扱いについて」，国土交通省)とされていることなどから，その宅地を中高層の集合住宅等の敷地として使用するのが最有効使用である場合，いわゆるマンション適地等については，広大地には該当しない旨を通達の中で明らかにした。

　なお，「広大地に該当するもの，しないもの」の条件を例示的に示すと，以下のようになる。

(広大地に該当する条件の例示)
・普通住宅地区等に所在する土地で，各自治体が定める開発許可を要する面積基準以上のもの(ただし，下記の該当しない条件の例示に該当するものを除く。)
　(注)　ミニ開発分譲が多い地域に存する土地については，開発許可を要する面積基準(例えば，三大都市圏500㎡)に満たない場合であっても，広大地に該当する場合があることに留意する。

(広大地に該当しない条件の例示)
・既に開発を了しているマンション・ビル等の敷地用地
・現に宅地として有効利用されている建築物等の敷地(例えば，大規模店舗，ファミリーレストラン等)
・原則として容積率300％以上の地域に所在する土地
・公共公益的施設用地の負担がほとんど生じないと認められる土地
　(例)　道路に面しており，間口が広く，奥行がそれほどではない土地
　　　　(道路が二方，三方，四方にある場合も同様)

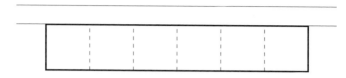

(3) マンション適地の判定

評価対象地について,中高層の集合住宅等の敷地,いわゆるマンション適地等として使用するのが最有効使用と認められるか否かの判断は,その土地の周辺地域の標準的使用の状況を参考とすることになるのであるが,戸建住宅とマンションが混在している地域(主に容積率200%の地域)にあっては,その土地の最有効使用を判断することが困難な場合もあると考えられる。

このような場合には,周囲の状況や専門家の意見等から判断して,明らかにマンション用地に適していると認められる土地を除き,戸建住宅用地として広大地の評価を適用することとして差し支えない。

(以下省略)

1 著しく広大であるかどうかの判定

上記の情報第2号「2 広大地の評価」(抜粋)のとおり,「普通住宅地区等に所在する土地で,各自治体が定める開発許可を要する面積基準(以下「開発許可面積基準」という。)以上のもの」については,広大地に該当することとしている。これは,一定の面積を超えるものについて,開発行為を行うとした場合の公共公益的施設用地の負担を前提としており,その面積基準としては,基本的に,開発許可面積基準を指標とすることが適当である。

しかし,一部の都市においては,主要駅周辺の市街地についても市街化区域と市街化調整区域の区域区分(いわゆる「線引き」)が行われていないところがある。線引きが行われていない地域の開発許可面積基準は3,000㎡であることから,当該地域では,評価対象となる土地の面積が3,000㎡以上でなければ,開発を行う場合に公共公益的施設用地の負担が生ずる場合であっても広大地に該当しないこととなる。

現行の都市計画制度において,線引きを行うかどうかは,首都圏の既成市街地等を除き,都道府県の選択に委ねることとされている。また,線引きが行われていない地域であっても,「用途地域が定められている地域においてはその目標とする市街地像の実現のために必要な都市施設を定めるべきである」(平成15年4月『都市計画運用指針』)とされている。つまり,線引きが行われていない地域のうち用途地域が定め

● 平成17年6月17日付資産評価企画官情報第1号：広大地の
判定に当たり留意すべき事項(情報)：**17年情報**

られている地域については，その用途地域の目指す環境実現のために市街化が進められていくものと考えられる。このことからすれば，開発許可面積基準は異なるものの，実態は市街化区域と区別する必要はないものと考えられることから，広大地の判定に当たっては，当該地域を市街化区域と同等に取り扱うのが相当である。

なお，開発許可面積基準以上であっても，その面積が地域の標準的な規模である場合は，当然のことながら，広大地に該当しない。

(注) 著しく広大であるかどうかの判定は，当該土地上の建物の有無にかかわらず，当該土地の規模により判定することに留意する。

(面積基準)

原則として，次に掲げる面積以上の宅地については，面積基準の要件を満たすものとする。

① 市街化区域，非線引き都市計画区域（②に該当するものを除く。）
…… 都市計画法施行令19条第1項及び第2項に定める面積（※）
　　※　1　市街化区域
　　　　　三大都市圏 ……………… 500㎡
　　　　　それ以外の地域 ………… 1,000㎡
　　　2　非線引き都市計画区域 … 3,000㎡
② 用途地域が定められている非線引き都市計画区域
………………… 市街化区域に準じた面積

ただし，近隣の地域の状況から，地域の標準的な規模が上記面積以上である場合については，当該地域の標準的な土地の面積を超える面積のものとする。

(注)　1　「非線引き都市計画区域」とは，市街化区域と市街化調整区域の区域区分が行われていない都市計画区域をいう。
　　　2　面積基準を図式化したものが（参考1）である。

2　現に宅地として有効利用されている建築物等の敷地

前記の情報第2号「2　広大地の評価」（抜粋）のとおり，「大規模店舗，ファミリーレストラン等」は，「現に宅地として有効利用されている建築物等の敷地」であることから，広大地に該当しないこととしている。

これは，比較的規模の大きい土地の有効利用の一形態として大規模店舗等を例示的に示したものである。したがって，大規模店舗等の敷地がその地域において有効利用

されているといえるかどうか，言い換えれば，それらの敷地がその地域の土地の標準的使用といえるかどうかで判定するということであり，いわゆる「郊外路線商業地域」（都市の郊外の幹線道路（国道，都道府県道等）沿いにおいて，店舗，営業所等が連たんしているような地域）に存する大規模店舗等の敷地が，この「現に宅地として有効利用されている建築物等の敷地」に該当する。

　一方，例えば，戸建住宅が連たんする住宅街に存する大規模店舗やファミリーレストラン，ゴルフ練習場などは，その地域の標準的使用とはいえないことから，「現に宅地として有効利用されている建築物等の敷地」には該当しない。

3　公共公益的施設用地の負担

　評価通達において，「公共公益的施設用地」とは，「都市計画法第4条第14項に規定する道路，公園等の公共施設の用に供される土地及び都市計画法施行令第27条に掲げる教育施設，医療施設等の公益的施設の用に供される土地（その他これらに準ずる施設で，開発行為の許可を受けるために必要とされる施設の用に供される土地を含む。）」をいうこととしている。したがって，具体的には，教育施設のような大規模なものからごみ集積所のような小規模なものまでが「公共公益的施設」に該当することとなる。

　しかし，広大地の評価は，戸建住宅分譲用地として開発した場合に相当規模の「公共公益的施設用地」の負担が生じる土地を前提としていることから，公共公益的施設用地の負担の必要性は，経済的に最も合理的に戸建住宅の分譲を行った場合の，当該開発区域内に開設される道路の開設の必要性により判定することが相当である。なお，ごみ集積所などの小規模な施設のみの開設が必要な土地は，「公共公益的施設用地の負担がほとんど生じないと認められる土地」に該当するため，広大地に該当しない。

　また，例えば，建築基準法第42条第2項の規定によるセットバックを必要とする場合の当該土地部分や，下図のように，セットバックを必要とする土地ではないが，開発行為を行う場合に道路敷きを提供しなければならない土地部分については，開発区域内の道路開設に当たらないことから，広大地に該当しない。

4　マンション適地の判定

　評価しようとする土地が，課税時期においてマンション等の敷地でない場合，マンション等の敷地として使用するのが最有効使用と認められるかどうかの判定については，その土地の周辺地域の標準的使用の状況を参考とすることとなる。しかし，戸建住宅とマンション等が混在する地域（主に容積率200％の地域）は，最有効使用の判

●平成17年6月17日付資産評価企画官情報第1号：広大地の
判定に当たり留意すべき事項(情報)：17年情報

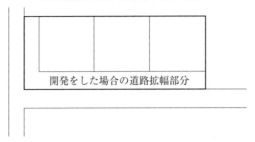

【図】 開発指導等により，道路敷きとして一部土
地を提供しなければならない場合

開発をした場合の道路拡幅部分

定が困難な場合もあることから，このような場合には，周囲の状況や専門家の意見から判断して，明らかにマンション等の敷地に適していると認められる土地を除き，広大地に該当する。

　一方，容積率が300％以上の地域内にあり，かつ，開発許可面積基準以上の土地は，戸建住宅の敷地用地として利用するよりもマンション等の敷地として利用する方が最有効使用と判定される場合が多いことから，原則として，広大地に該当しないこととなる。

　地域によっては，容積率が300％以上でありながら，戸建住宅が多く存在する地域もあるが，このような地域は都市計画で定めた容積率を十分に活用しておらず，①将来的に戸建住宅を取り壊したとすれば，マンション等が建築されるものと認められる地域か，あるいは，②何らかの事情（例えば道路の幅員）により都市計画法で定めた容積率を活用することができない地域であると考えられる。したがって，②のような例外的な場合を除き，容積率により判定することが相当である。

5　市街化調整区域内の土地に係る広大地の評価について

(1)　市街化調整区域内の土地の分類

　平成12年の「都市計画法及び建築基準法の一部を改正する法律」により，開発許可制度は，地域の実情に応じた土地利用規制を実現するために柔軟な規制が行える体系に整備されることとなった。具体的には，旧「既存宅地」制度を，経過措置を設けて廃止することとし，都道府県（指定都市等又は事務処理市町村の区域内にあっては，当該指定都市等又は事務処理市町村。以下同じ。）が条例で区域を定め，その区域においては周辺環境の保全上支障がない用途の建築物の建築等を目的とする開発行為を許可対象とした（都市計画法第34条第8号の3）。

　（注）　旧「既存宅地」制度とは，改正前の都市計画法43条第1項第6号に基づく

制度で，市街化区域に近接し50戸以上の建築物が連たんするなどの地域に存し，市街化区域及び市街化調整区域の線引き前からの宅地であったとして，都道府県知事等の確認を受けた宅地を通常，既存宅地という。

上記の法律改正に伴い，市街化調整区域内の土地については，「条例指定区域内の土地」及び「それ以外の区域内の土地」の2つに分類することができる。

イ 条例指定区域内の土地

「条例指定区域内の土地」とは，上記の都市計画法の定めにより開発行為を許可することができることとされた区域内の土地であり，具体的には，「市街化区域に隣接し，又は近接し，かつ，自然的社会的諸条件から市街化区域と一体的な日常生活圏を構成していると認められる地域であっておおむね50以上の建築物が連たんしている地域」のうち，都道府県の条例で指定する区域内の土地をいう。

当該区域内の土地については，都道府県知事は，開発区域及びその周辺の地域の環境の保全上支障があると認められる用途として都道府県の条例で定めるものに該当しないものについて，開発を許可することができることとされている。したがって，その区域内のすべての土地について，都市計画法上の規制は一律となる一方，許可対象とされる区域の詳細や建築物の用途等は，都道府県の条例により定められることとなるため，それぞれの地域によってその内容が異なることとなる。

ロ それ以外の区域内の土地

上記イ以外の区域内の土地については，原則として，周辺地域住民の日常生活用品の店舗や農林漁業用の一定の建築物などの建築の用に供する目的など，一定のもの以外は開発行為を行うことができない。

(2) 広大地に該当するかどうかの判定

上記(1)より，市街化調整区域内の宅地が広大地に該当するかどうかについては，「条例指定区域内の宅地」であり，都道府県の条例の内容により，戸建分譲を目的とした開発行為を行うことができる場合には広大地に該当するが，それ以外の区域内に存するものについては，広大地に該当しない。

また，市街化調整区域内の雑種地で，宅地に比準して評価する場合については，宅地の場合と同様に取り扱うことが相当である。

● 平成17年6月17日付資産評価企画官情報第1号：広大地の判定に当たり留意すべき事項(情報)：**17年情報**

(参考1)

○広大地評価の面積基準のイメージ

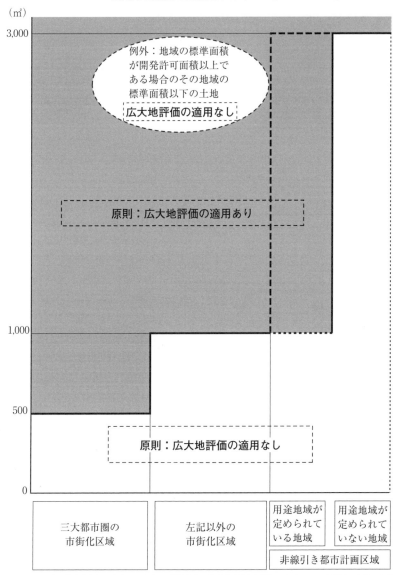

※ 都道府県等の条例により、開発許可面積基準を別に定めている場合はその面積による。

(参考2)

○広大地評価フローチャート

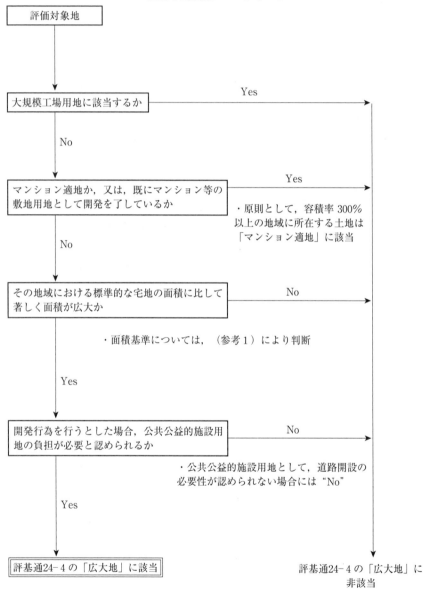

◉ **No.4610：広大地の評価** (国税庁ホームページ：相続財産や贈与財産の評価より)

1 広大地とは

広大地とは，その地域における標準的な宅地の地積に比べて著しく地積が広大な宅地で，都市計画法第4条第12項に規定する開発行為を行うとした場合に公共公益的施設用地の負担が必要と認められるものをいいます。ただし，大規模工場用地に該当するもの及び中高層の集合住宅等の敷地用地に適しているものは除きます。

(注)
1 都市計画法第4条第12項に規定する開発行為とは，主として建築物の建築又は特定工作物の建設の用に供する目的で行う土地の区画形質の変更をいいます。
2 公共公益的施設用地とは，道路，公園等の公共的施設及び教育施設，医療施設等の公益的施設の用に供される土地をいいます。
3 大規模工場用地とは，財産評価基本通達22-2に定める土地をいいます。
4 広大地は，戸建住宅分譲用地として開発され，道路等の公共公益的施設用地が生じる宅地を前提としていますが，その宅地について，経済的に最も合理的であると認められる開発行為が中高層の集合住宅等を建築することを目的とするものであると認められるものは，いわゆるマンション適地として広大地に該当しないものとされています。

2 広大地に該当するもの及びしないものの条件の例示

(1) 広大地に該当する条件の例示

普通住宅地区等に所在する土地で，各自治体が定める開発許可を要する面積基準以上のものです。ただし，(2)の広大地に該当しない条件の例示に当たるものを除きます。

面積基準は，原則として，次のとおりですが，その地域の標準的な土地の面積を超えていることが必要です。

[面積基準]

イ 市街化区域，用途地域が定められていない非線引き都市計画区域

都市計画法施行令第19条第1項及び第2項に定める面積で，具体的には次のとおりです。

　　(イ) 市街化区域　　　三大都市圏　　　……　500㎡
　　　　　　　　　　　　それ以外の地域　……　1,000㎡
　　(ロ) 用途地域が定められていない
　　　　　　　　　　　　非線引き都市計画区域　……　3,000㎡

　　(注) 非線引き都市計画区域とは，市街化区域と市街化調整区域の区域区分が行われていない都市計画区域をいいます。

ロ 用途地域が定められている非線引き都市計画区域

市街化区域と同様の面積となります。

(2) 広大地に該当しない条件の例示

イ 既に開発を終了しているマンション・ビル等の敷地用地

ロ 現に宅地として有効利用されている建築物等の敷地

例えば，大規模店舗やファミリーレストランなどの敷地がこれに当たります。

ハ 原則として容積率300％以上の地域に所在する土地

ニ 公共公益的施設用地の負担がほとんど生じないと認められる土地

例えば，道路に面しており，間口が広く，奥行きがそれほどでもない土地や道路が二方，三方及び四方にある土地がこれに当たります。

3 評価方法

広大地の価額は，次に掲げる区分に従い，それぞれ次により計算した金額によって評価します。

(1) 広大地が路線価地域に所在する場合

広大地の価額＝広大地の面する路線価×広大地補正率×地積

$$広大地補正率 = 0.6 - 0.05 \times \frac{地積}{1,000㎡}$$

(2) 広大地が倍率地域に所在する場合

その広大地が標準的な間口距離及び奥行距離を有する宅地であるとした場合の1㎡

当りの価額を，上記(1)の算式における「広大地の面する路線価」に置き換えて計算します。

(注)
1　上記(1)の広大地の面する路線価が2以上ある場合には，原則として，最も高いものを採用します。
2　広大地として評価する宅地は，5,000㎡以下の地積のものとされています。したがって，広大地補正率は0.35が下限となります（地積が5,000㎡を超える広大地であっても広大地補正率の下限である0.35を適用して差し支えありません。）。
3　広大地補正率は端数整理を行いません。

● **広大地の評価**（国税庁ホームページ：質疑応答事例より）

> 注記
> 平成22年7月1日現在の法令・通達等に基づいて作成しています。
> この質疑事例は，照会に係る事実関係を前提とした一般的な回答であり，必ずしも事案の内容の全部を表現したものではありませんから，納税者の方々が行う具体的な取引等に適用する場合においては，この回答内容と異なる課税関係が生ずることがあることにご注意ください。

1. 広大地の評価における「その地域」の判断

【照会要旨】
　広大地の評価において，「その地域における標準的な宅地の地積に比して…」と定めている「その地域」とは，具体的にどの範囲をいうのでしょうか。
　また，「標準的な宅地の地積」はどのように判断するのでしょうか。

【回答要旨】
　広大地とは，「その地域における標準的な宅地の地積に比して著しく地積が広大な宅地で開発行為を行うとした場合に公共公益的施設用地の負担が必要と認められるもの」をいいます。
　この場合の「その地域」とは，原則として，評価対象地周辺の
　① 河川や山などの自然的状況
　② 土地の利用状況の連続性や地域の一体性を分断する道路，鉄道及び公園などの状況
　③ 行政区域
　④ 都市計画法による土地利用の規制等の公法上の規制など，土地利用上の利便性や利用形態に影響を及ぼすもの
などを総合勘案し，利用状況，環境等が概ね同一と認められる，住宅，商業，工業など特定の用途に供されることを中心としたひとまとまりの地域を指すものをいいます。
　また，「標準的な宅地の地積」は，評価対象地の付近で状況の類似する地価公示の標準地又は都道府県地価調査の基準地の地積，評価対象地の付近の標準的使用に基づく宅地の平均的な地積などを総合勘案して判断します。
　なお，標準的使用とは，「その地域」で一般的な宅地の使用方法をいいます。

【関係法令通達】
　財産評価基本通達24-4

2. 広大地の評価における「著しく地積が広大」であるかどうかの判断

【照会要旨】
　広大地の評価において，評価対象地の地積が「著しく地積が広大」であるかどうかはどのように判断するのでしょうか。

【回答要旨】
　評価対象地が都市計画法施行令第19条第１項及び第２項の規定に基づき各自治体の定める開発許可を要する面積基準（以下「開発許可面積基準」といいます。）以上であれば，原則として，その地域の標準的な宅地に比して著しく地積が広大であると判断することができます。
　なお，評価対象地の地積が開発許可面積基準以上であっても，その地域の標準的な宅地の地積と同規模である場合は，広大地に該当しません。
［面積基準］
イ　市街化区域，非線引き都市計画区域及び準都市計画区域（ロに該当するものを除く。）…都市計画法施行令第19条第１項及び第２項に定める面積（※）
　※（イ）市街化区域
　　　　　三大都市圏……………………………………… 500㎡
　　　　　それ以外の地域 ………………………………… 1,000㎡
　　（ロ）非線引き都市計画区域及び準都市計画区域 ………… 3,000㎡
ロ　非線引き都市計画区域及び準都市計画区域のうち，用途地域が定められている区域……………………………市街化区域に準じた面積
（注）
1　都道府県等の条例により，開発許可面積基準を別に定めている場合はその面積によります。
2　三大都市圏とは，次の地域をいいます。
　①　首都圏整備法第２条第３項に規定する既成市街地又は同条第４項に規定する近郊整備地帯
　②　近畿圏整備法第２条第３項に規定する既成都市区域又は同条第４項に規定する近郊整備区域
　③　中部圏開発整備法第２条第３項に規定する都市整備区域
3　「非線引き都市計画区域」とは，市街化区域と市街化調整区域の区域区分が行われていない都市計画区域をいいます。
4　「準都市計画区域」とは，都市計画区域に準じた規制が行われ，開発許可制度を適用し，用途地域，特定用途制限地域，風致地区などを定めることができる都市計画区域外の区域をいいます。
【関係法令通達】
　財産評価基本通達24-4
　都市計画法施行令第19条

3．広大地の評価における公共公益的施設用地の負担の要否

【照会要旨】
　広大地の評価において，「開発行為を行うとした場合に公共公益的施設用地の負担が必要と認められるもの」とは，どのようなものをいうのでしょうか。
【回答要旨】
　広大地の評価は，戸建住宅分譲用地として開発した場合に相当規模の公共公益的施

設用地の負担が生じる宅地を前提としていることから,「公共公益的施設用地の負担が必要と認められるもの」とは,経済的に最も合理的に戸建住宅の分譲を行った場合にその開発区域内に道路の開設が必要なものをいいます。

したがって,例えば,次のような場合は,開発行為を行うとした場合に公共公益的施設用地の負担がほとんど生じないと認められるため,広大地には該当しないことになります。
(1) 公共公益的施設用地の負担が,ごみ集積所などの小規模な施設の開設のみの場合
(2) セットバック部分のみを必要とする場合
(3) 間口が広く,奥行が標準的な場合

(4) 道路が二方,三方又は四方にあり,道路の開設が必要ない場合

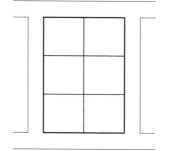

(5) 開発指導等により道路敷きとして一部宅地を提供しなければならないが,道路の開設は必要ない場合

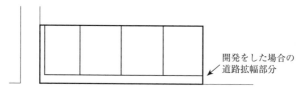

開発をした場合の道路拡幅部分

セットバックを必要とする土地ではありませんが,開発行為を行う場合に道路敷きを提供しなければならない土地部分については,開発区域内の道路開設に当たらないことから,広大地に該当しません。
(6) 路地状開発を行うことが合理的と認められる場合
(路地状開発とは,路地状部分を有する宅地を組み合わせ,戸建住宅分譲用地として開発することをいいます。)

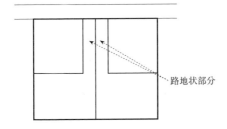
路地状部分

なお,「路地状開発を行うことが合理的と認められる」かどうかは次の事項などを総合的に勘案して判断します。
① 路地状部分を有する画地を設けることによって,評価対象地の存する地域における「標準的な宅地の地積」に分割できること
② その開発が都市計画法,建築基準法,都道府県等の条例等の法令に反しないこと
③ 容積率及び建ぺい率の計算上有利であること
④ 評価対象地の存する地域において路地状開発による戸建住宅の分譲が一般的に行われていること
(注) 上記の(3)〜(6)の区画割をする際の1区画当たりの地積は,評価対象地の存する地域の標準的使用に基づく「標準的な宅地の地積」になります。

【関係法令通達】
財産評価基本通達24-4

4. 広大地の評価における「中高層の集合住宅等の敷地用地に適しているもの」の判断

【照会要旨】
広大地の評価において,「中高層の集合住宅等の敷地用地に適しているもの」とは具体的にどのようなものをいうのでしょうか。

【回答要旨】
評価対象地が,「中高層の集合住宅等の敷地用地に適しているもの」(中高層の集合住宅等の敷地用地として使用するのが最有効使用と認められるもの)かどうかの判断については,その宅地の存する地域の標準的使用の状況を参考とすることになります。
しかし,戸建住宅と中高層の集合住宅等が混在する地域(主に都市計画により指定された容積率(指定容積率)が200%以下の地域)にある場合には,最有効使用の判定が困難な場合もあることから,例えば,次のように「中高層の集合住宅等の敷地用地に適しているもの」に該当すると判断できる場合を除いて,「中高層の集合住宅等の敷地用地に適しているもの」には該当しないこととして差し支えありません。
① その地域における用途地域・建ぺい率・容積率や地方公共団体の開発規制等が厳しくなく,交通,教育,医療等の公的施設や商業地への接近性(社会的・経済的・行政的見地)から判断して中高層の集合住宅等の敷地用地に適していると認められる場合

② その地域に現に中高層の集合住宅等が建てられており、また、現在も建築工事中のものが多数ある場合、つまり、中高層の集合住宅等の敷地としての利用に地域が移行しつつある状態で、しかもその移行の程度が相当進んでいる場合

一方、指定容積率が300％以上の地域内にある場合には、戸建住宅の敷地用地として利用するよりも中高層の集合住宅等の敷地用地として利用する方が最有効使用と判断される場合が多いことから、原則として「中高層の集合住宅等の敷地用地に適しているもの」に該当することになります。

地域によっては、指定容積率が300％以上でありながら、戸建住宅が多く存在する地域もありますが、このような地域は指定容積率を十分に活用しておらず、①将来的にその戸建住宅を取り壊したとすれば、中高層の集合住宅等が建築されるものと認められる地域か、あるいは、②例えば道路の幅員（参考）などの何らかの事情により指定容積率を活用することができない地域であると考えられます。したがって、②のような例外的な場合を除き、評価対象地が存する地域の指定容積率が300％以上である場合には、「中高層の集合住宅等の敷地用地に適しているもの」と判断することになります。

(参考)
指定容積率のほか、前面道路（前面道路が2以上あるときは、その幅員の最大のもの）の幅員が12m未満である建築物の容積率は、当該前面道路の幅員のメートルの数値に下表の数値を乗じたもの以下でなければならないとされています（建築基準法第52条第2項）。

建築物のある地域	前面道路の幅員のメートル数値に乗ずべき数値
第1種・第2種低層住居専用地域	4/10
第1種・第2種中高層住居専用地域 第1種・第2種住居地域，準住居地域 （高層住居誘導地区内の建築物であってその住宅の用途に供する部分の床面積の合計がその延べ面積の3分の2以上であるものを除く）	4/10（特定行政庁が都道府県都市計画審議会の議を経て指定する区域内の建築物にあっては6/10）
その他の地域	6/10（特定行政庁が都道府県都市計画審議会の議を経て指定する区域内の建築物にあっては4/10又は8/10のうち特定行政庁が都道府県都市計画審議会の議を経て定めるもの）

【関係法令通達】
　財産評価基本通達24-4
　建築基準法第52条

5. 広大地の評価における「中高層の集合住宅等」の範囲

【照会要旨】
　広大地の評価において，「中高層の集合住宅等の敷地用地に適しているもの」が広大地の対象から除かれていますが，中高層の集合住宅等とはどのようなものをいうのでしょうか。

【回答要旨】
　「中高層」には，原則として「地上階数3以上」のものが該当します。
　また，「集合住宅等」には，分譲マンションのほか，賃貸マンション等も含まれます。

【関係法令通達】
　財産評価基本通達24-4

6. 広大地の評価の判断事例

【照会要旨】
　戸建住宅が連たんする住宅街に存するファミリーレストランの敷地は広大地に該当するのでしょうか。

【回答要旨】
　ファミリーレストラン等の敷地の地積が，その地域の標準的な戸建住宅としての宅地の地積に比して著しく広大である場合には，広大地の評価における他の要件を満たせば，広大地に該当することになります。
　なお，いわゆる郊外路線商業地域（都市の郊外の幹線道路（国道，都道府県道等）沿いにおいて，店舗，営業所等が連たんしているような地域）に存する，その地域の標準的な宅地の地積と同規模のファミリーレストラン等の敷地については，著しく広大とはいえないため広大地に該当しないことになります。

【関係法令通達】
　財産評価基本通達24-4

7. 市街化調整区域内における広大地の評価の可否

【照会要旨】
　市街化調整区域内の宅地について，広大地の評価を行うことはできるのでしょうか。

【回答要旨】
　市街化調整区域は市街化を抑制すべき区域で，原則として，周辺地域住民の日常生活用品の店舗や農林漁業用の一定の建築物などの建築の用に供する目的など，一定のもの以外は開発行為を行うことができない区域です。そのため，市街化調整区域内の宅地は，通常，広大地の評価を行うことはできません。
　しかし，都市計画法の規定により開発行為を許可することができることとされた区域内の土地等（例えば，都市計画法第34条第11号の規定に基づき都道府県等が条例で定めた区域内の宅地）で，都道府県等の条例の内容により戸建分譲を目的とした開発

行為を行うことができる場合には，市街化調整区域内の宅地であっても広大地の評価における他の要件を満たせば広大地の評価を行うことができます。

【関係法令通達】
　財産評価基本通達24-4
　都市計画法第34条

8．広大地の評価の計算例（その1）

【照会要旨】
　次の図のような宅地（地積2,145㎡）の価額はどのように評価するのでしょうか。（中高層の集合住宅等の敷地用地に適しているものでないなどの広大地の評価における他の要件は満たしています。）

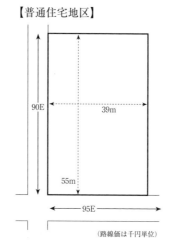

【普通住宅地区】

90E　39m　55m　95E

（路線価は千円単位）

【回答要旨】
　　（計算）
　　　正面路線価　95千円

$$95千円 \times \left(0.6 - 0.05 \times \frac{2,145㎡}{1,000㎡} \right) \times 2,145㎡$$

（広大地補正率）

　　　＝95千円×0.49275×2,145㎡＝100,410,131円

（注）
1　通常の宅地の正面路線価は，路線価に奥行価格補正率を乗じた後の価額で判定しますが，広大地の正面路線価は，面している路線のうち最も高い路線価で判定します。
2　広大地補正率は端数処理をしません。

【関係法令通達】
　財産評価基本通達24-4

9．広大地の評価の計算例（その2）

【照会要旨】
　次の図のような市街地山林（地積2,800㎡）の価額はどのように評価するのでしょうか。（中高層の集合住宅等の敷地用地に適しているものでないなどの広大地の評価における他の要件は満たしています。）

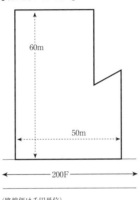

【普通住宅地区】

（路線価は千円単位）

【回答要旨】
　（計算）
　　正面路線価　200千円

$$200千円 \times \left(0.6 - 0.05 \times \frac{2,800㎡}{1,000㎡}\right) \times 2,800㎡$$
（広大地補正率）

$$= 200千円 \times 0.46 \times 2,800㎡ = 257,600,000円$$

（注）
1　不整形地補正率などの各種補正率は適用しません。
　　なお、広大地補正率を適用して計算した価額が、その広大地を財産評価基本通達11（評価の方式）から21-2（倍率方式による評価）まで及び24-6（セットバックを必要とする宅地の評価）の定めにより評価した価額を上回る場合には、その広大地の価額は11から21-2まで及び24-6の定めによって評価します。
2　市街地山林等を広大地として評価する場合には、広大地補正率の中に宅地造成費等を考慮してあることから、宅地造成費を控除しないで評価します。

【関係法令通達】
　財産評価基本通達20(2)，24-4，49-2

10. 都市計画道路予定地の区域内にある広大地の評価

【照会要旨】
都市計画道路予定地の区域内にある宅地が広大地に該当する場合には，どのように評価するのでしょうか。（中高層の集合住宅等の敷地用地に適しているものでないなどの広大地の評価における他の要件は満たしています。）

【回答要旨】
広大地補正率により評価した後，都市計画道路予定地の区域内にある宅地としての補正率を乗じて計算した価額により評価します。

【関係法令通達】
財産評価基本通達24-4，24-7

11. 区分地上権に準ずる地役権の目的となっている広大地の評価

【照会要旨】
次の図のような特別高圧架空電線の架設を目的とする地役権（家屋等の建築不可の制限あり）が設定されている宅地（地積1,200㎡）の価額はどのように評価するのでしょうか。（中高層の集合住宅等の敷地用地に適しているものでないなどの広大地の評価における他の要件は満たしています。）

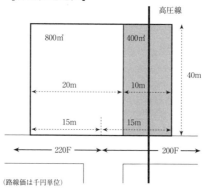

① 網掛け部分（承役地）は，地役権の設定により家屋等の建築はできない。
② 評価対象地は，200千円及び220千円の路線価が付された路線にそれぞれ15mずつ接している。
③ 評価対象地の総地積は1,200㎡，網掛け部分（承役地）の地積は400㎡である。
④ 評価対象地の全体を一画地とした場合，広大地の要件を満たしている。

【回答要旨】
地役権が設定されている宅地の価額は，承役地である部分を含めた全体を一画地の

宅地として評価した価額から，区分地上権に準ずる地役権の価額（区分地上権に準ずる地役権の目的となっている承役地である部分を一画地として，その自用地価額に区分地上権に準ずる地役権の設定契約の内容に応じた土地利用制限率を基とした割合を乗じて計算した金額）を控除して評価します。

ところで，承役地である部分を含めた全体の宅地が広大地に該当する場合には，「全体を一画地の宅地として評価した価額」及び「区分地上権に準ずる地役権の目的となっている承役地である部分の自用地としての価額」は，いずれも全体を一画地の宅地として算出した広大地補正率を正面路線価に乗じた金額により評価します。

また，区分地上権に準ずる地役権の価額は，その承役地である宅地についての建築制限の内容により，その自用地としての価額に次の割合を乗じた金額により評価することができます。

(1) 家屋の建築が全くできない場合……50％と承役地に適用される借地権割合とのいずれか高い割合
(2) 家屋の構造，用途等に制限を受ける場合……30％

図の場合において，区分地上権に準ずる地役権の割合を50％とすると，次のように評価します。

(計算)
1 宅地全体を一画地として評価した価額（自用地価額）

　　　（加重平均による正面路線価）　（広大地補正率※）（地積）　（自用地価額）

$$\frac{220千円 \times 15m + 200千円 \times 15m}{30m} \times 0.54 \times 1,200㎡ = 136,080千円$$

　　※　広大地補正率=0.6−0.05×1,200÷1,000=0.54

2 区分地上権に準ずる地役権の価額

　　（正面路線価）（広大地補正率※1）（地積）（区分地上権に準ずる地役権の割合※2）（区分地上権に準ずる地役権の価額）

　　200千円　×　0.54　×　400㎡　×　50％　＝　21,600千円

　　※1　画地全体の地積にかかる広大地補正率を適用
　　※2　50％と借地権割合40％のいずれか高い割合

3 区分地上権に準ずる地役権の目的となっている宅地の価額

　　（自用地価額）（区分地上権に準ずる地役権の価額）

　　136,080千円　−　21,600千円　＝　114,480千円

【関係法令通達】
　財産評価基本通達24−4，25(5)，27−5

日税不動産鑑定士会（http://www.kanteinichizei.com/）は、税理士で不動産鑑定士の資格を持つ有志が中心となって昭和46年に結成された任意団体であり、会員は現在80名程となっている。主要な活動として、3年に一度の固定資産税評価替え年度に『継続地代の実態調べ』を発刊し、日本不動産鑑定士協会連合会、裁判所等の法曹界にその資料が使用されている。

新版

【事例詳解】広大地の税務評価
──広大地判定のポイントと最近の重要裁決例および61の評価事例

2009年11月30日　初版第1刷発行
2011年5月10日　初版第2刷発行
2012年2月10日　初版第3刷発行
2015年12月15日　新版第1刷発行

編著者　日税不動産鑑定士会Ⓒ
発行者　野々内邦夫

発行所　株式会社プログレス

〒160-0022　東京都新宿区新宿1-12-12
電話03(3341)6573　FAX 03(3341)6937
http://www.progres-net.co.jp
e-mail: info@progres-net.co.jp

＊落丁本・乱丁本はお取り替えいたします。

モリモト印刷株式会社

本書のコピー，スキャン，デジタル化等の無断複製は著作権法上での例外を除き禁じられています。本書を代行業者等の第三者に依頼してスキャンやデジタル化することは，たとえ個人や会社内での利用でも著作権法違反です。

ISBN978-4-905366-49-2 C3032

*各図書の詳細な目次は、http://www.progres-net.co.jp よりご覧いただけます。

★2014年度日本不動産学会著作賞(学術部門)受賞
都市の空閑地・空き家を考える
浅見泰司(東京大学大学院教授)　■本体価格2,700円+税

定期借地権活用のすすめ
●契約書の作り方・税金対策から事業プランニングまで
定期借地権推進協議会　■本体価格2,600円+税

▶新版◀
[逐条詳解] 不動産鑑定評価基準
黒沢　泰(不動産鑑定士)　■本体価格4,800円+税

▶新版◀
私道の調査・評価と法律・税務
黒沢　泰(不動産鑑定士)　■本体価格4,200円+税

建物利用と判例
●判例から読み取る調査上の留意点
黒沢　泰(不動産鑑定士)　■本体価格4,400円+税

土地利用と判例
●判例から読み取る調査上の留意点
黒沢　泰(不動産鑑定士)　■本体価格4,000円+税

工場財団の鑑定評価
黒沢　泰(不動産鑑定士)　■本体価格3,600円+税

▶実例でわかる◀
特殊な画地・権利と物件調査のすすめ方
黒沢　泰(不動産鑑定士)　■本体価格3,800円+税

不動産がもっと好きになる本
●不動産学入門
森島義博(不動産鑑定士)　■本体価格2,400円+税

Q&A 借地権の税務
●借地の法律と税金がわかる本
鵜野和夫(税理士・不動産鑑定士)　■本体価格2,600円+税

▶不動産取引における◀
心理的瑕疵の裁判例と評価
●自殺・孤独死等によって、不動産の価値はどれだけ下がるか?
宮崎裕二(弁護士)／仲嶋　保(不動産鑑定士)
難波里美(不動産鑑定士)／高島　博(不動産鑑定士)
■本体価格2,000円+税

Q&A 土砂災害と土地評価
●警戒区域・特別警戒区域の減価率の算定法
内藤武美(不動産鑑定士)　■本体価格2,600円+税

土壌汚染をめぐる重要裁判例と実務対策
●土壌汚染地の売買契約条文と調査・処理の実際
宮崎裕二(弁護士)／森島義博(不動産鑑定士)／八巻　淳(技術士)
■本体価格3,000円+税

▶起業者と地権者のための◀
用地買収と損失補償の実務
●土地・建物等および営業その他の補償実務のポイント118
廣瀬千晃(不動産鑑定士)　■本体価格4,000円+税

不動産の鑑定評価がもっとよくわかる本
●「不動産鑑定評価書」を理解し、役立てるために
鵜野和夫(税理士・不動産鑑定士)　■本体価格2,600円+税

【新版】【Q&A】大家さんの税金
アパート・マンション経営の税金対策
●不動産所得の税務計算から確定申告・相続・譲渡まで
鵜野和夫(税理士・不動産鑑定士)　■本体価格3,800円+税

▶新版◀
不動産[賃貸]事業のためのマネジメント・ハンドブック
有限責任監査法人トーマツ
建設・不動産インダストリー　■本体価格3,000円+税

賃料[地代・家賃]評価の実際
田原拓治(不動産鑑定士)　■本体価格4,200円+税